世界は
The Gratitude Effect
バランスで
一瞬で人生を変える1つの魔法
できている

フォレスト出版

『ディマティーニ博士は、愛と感謝があれば、人生に起こる否定的なものがどんな形のものであったとしても、消し去ることができると教えています。愛と感謝は海を分かち、山をも動かし、奇跡を起こします。愛と感謝があらゆる病気を消滅させてしまうのです。』

世界的ベストセラー『ザ・シークレット』（角川書店・刊）より引用

訳者まえがき

本書を初めて読んだとき、**私はこの本はまるで日本人に向けて書いた本ではないかと思いました。**

本書の原題は『The Gratitude Effect』です。直訳すれば「感謝の効果（または影響力）」です。そして、本書の冒頭は「私は感謝祭の日（Thanksgiving Day：アメリカの祝日）に生まれました」から始まります。

このことから容易に想像できると思うのですが、本書のメインテーマは「感謝」です。

私たち日本人がよく使う言葉に「どうも」がありますが、これはこの後に続く「ありがとうございます」を省略した簡略表現です。そして、日本独特の表現である「おかげさま」は、私たちがご縁という人生のマトリックスの中に存在していることを意識的、無意識的に知っているからこその思いであり、私たちの精神性の中心に「感謝」があることの現れです。

さて、本書のテーマが私たち日本人になじみ深い「感謝」だと申し上げたのですが、**実は著者であるドクター・ジョン・F・ディマティーニが述べる感謝は、一般に私たちが理解している感謝とは異なるのです。そこに本書を読む最大の価値があります。**

一般に私たちが感謝するのはどういうときかといえば、誰かが自分に都合の良いことをしてくれたり、自分が期待している出来事が起こったときです。つまり自分にとって好都合なことに対して私たちは感謝します。

たとえば、困っているときに助けていただいた。プレゼントをいただいた。こちらの依頼を受けてくれた、といったことです。

しかし、ドクター・ディマティーニはそれは不完全であり真の感謝ではないと言います。好都合なことには感謝し、不都合なことに感謝しないのであれば、人生の半分は感謝しない状態（怒ったり、悲観したり、不安になったり）で過ごすことになるからです。

不都合なことに感謝する…これは簡単には受け入れがたいことのように思いますが、本書を読み終わる頃には、読者がごく自然にそれを受け入れるようになっているでしょう。**本書では、数年前に起こったインドネシアのスマトラ島沖大地震や２００１年に起こった９・11など、普通ならどう考えても感謝できないような出来事を例にあげて、一見不都合で悲劇的**

だと思える出来事の真実の姿を明らかにしています。これは原爆を投下された経験、阪神大震災、東日本大震災を経験した私たち日本人にとって、とても考えさせられるものがあります。

本書ではこの他に、私たちが置かれている宇宙と自然の法則性を知ることができます。そして、その法則が私たちの人生の7つの領域、**「スピリチュアル」「メンタル」「仕事」「お金／経済」「家族」「社交／人間関係」「身体／健康」**とどれだけ密接に関係しているか理解できます。

エピソードや事例が豊富で、ちょっと聞き慣れない言葉や観念があったとしても、会話のやり取りを読むことで容易に理解することができます。

最後に、世の中に溢《あふ》れるほど出版されている自己啓発書の中にあって、本書の価値はどこにあるかご説明しましょう。**これまでの成功法則は不完全であり、パズルの大きな1ピースを欠いていました。本書は、その1ピースを埋めるものだということです。**

本書を読み進めていく中で、あなたがこれまで探し求めていた「答え」がきっと見つかることでしょう。心に欠けていた1つの大きなパズルピースがはまるように。

訳者・岩元貴久

もくじ

第2章　感謝とスピリチュアルの考察

第3章　あなたの天才性を目覚めさせる方法

第4章 好きなことを仕事にし、今の仕事を好きになる

第5章 感謝の影響力を利用して財産を築く方法

第6章　家族の間に働くダイナミクス

第7章　人生のマトリックス

第8章　感謝が持つ奇跡のヒーリングパワー

第9章　感謝の旅に向けて

第1章

感謝の魔法とは？

母のすばらしい言葉

私は感謝祭の日（Thanksgiving Day：アメリカの祝日）に生まれました。それもあって、母は私に感謝の心を持つ人間に育って欲しいと思っていたようです。その母のおかげで、私は「The Gratitude Effect（感謝の魔法）」を実感する人生を歩むことになります。

私が4歳頃のある日、私のベッドに腰掛けた母がこう言いました。

「よく聞くのよ。自分が恵まれていることに目を向けていつも感謝するのよ。恵まれていることを知って人生に感謝する人には、もっとたくさんの感謝できることが起こるものなの」

私は、母のこのすばらしい言葉を今でもずっと忘れずに覚えています。この母のひと言は、その日以来、私の人生に大きな影響を及ぼしてきました。そして、それが私を「The Gratitude Effect」の世界へ導くことになります。

あと24時間しか生きられないとしたら？

もしあなたが人生で感謝できない過去（の思い出）を持っているとすれば、理由はただ1つ、あなたがその出来事について真剣に向き合って考えたことがないからです。**なぜなら、どんな出来事だろうと、それについて深く考えたなら、目に見えない法則の存在に気づくでしょうから。**

この世界には、私たちの五感で知覚する現実ではなく、実際は愛と崇高で目に見えない法則だけが存在しています。言い換えるなら、自然界は常に調和を保つバランスの力が働いているということです。

アルバート・アインシュタインはかつてこう言いました。「私が宇宙の法則を科学的に明らかにしようとしているのは、この宇宙が合理的で明瞭《めいりょう》なものであるという宗教心にも似た信念があるからです。天の意思は、現象を通して示されるものだという信念を私は持っています。それが私にとっての『神』という概念なのです」

私は幸運にもこれまで数多くの国を訪れる機会を得ました。そして、それぞれの国の人々に**「あと24時間しか生きられないとしたらあなたは何をしますか?」と尋ねてきました。その質問に対し、誰もが「あと24時間しか生きられないとしたら、私の人生を支えてくれた人たちに『ありがとう』『愛してます』と伝えます」と答えています。**

もう1つ「あなたは、どのように愛され感謝されたいですか?」と尋ねると、これについては肌の色、信念、年齢、性別、宗教に関係なくすべての人が、偽りのない本当の自分をそのまま全部愛して感謝して欲しいと回答しています。

はたして、人生に愛せず感謝できないものなどあるのでしょうか?

幸運なことに、私の人生は、すばらしい愛の法則を感謝の心を持って世界に伝えるミッションへと私を導いてくれました。その結果、こうして本書を執筆することになっているわけです。

私たちが自分のありのままを愛し感謝して欲しいと願うということは、裏を返せば愛と感謝が人間の存在の本質にちがいない。そう考えた私は「感謝」について探求することになります。

その結果、感謝とは「ありがたく思う心」、「好意的な評価」、「恩恵」であると知ることになります。願望や期待が現実と一致したり、自分の意思や意図が目に見えない天の意思と一致すると感謝の気持ちが生まれます。私たちがこのことに感謝し謙虚であるとき、人間性のすばらしさへの確信と感謝の心が生まれるのです。しかし、私たちの知覚と感情がバランスを崩し、宇宙の秩序であるバランスを認識できないと、目の前の現実に感謝できなくなってしまうのです。

多くの人は、自分の考えが他人から支持されたり、自分に都合のよいことがあると真の感謝の気持ちが生まれると考えます。そして、**自分が認められなかったり嫌なことがあると不満を感じるものだと考えます。しかしながら、これは浅はかで表層的な感謝についての考えです。**

実際には、私たちが深い真の感謝の状態になると、自然と涙が溢れてくるものです。私たちが真に覚醒《かくせい》し、この宇宙全体に働いている見えない秩序や完璧《かんぺき》なバランスを認識した状態です。支持してくれる者がいれば批判する人がいるように、すべての物事は相反するものがペアで1セットになっている。そして、その相反するものは同時に起こる。

このことに気づいたとき、真の感謝の気持ちが心の中に自然に現れるのです。まさにこのときが、私たちが「感謝の魔法」をもたらすパワフルな愛の源にアクセスする瞬間です。

満たされない心と感謝の関係

自分の人生を振り返ってみて、またこれまで私が関わってきた人たちの人生を見ていて気づいたことがあります。それは、私たちの誰もが人生に何かを求めて生きているということです。私たちは自己意識や自分の可能性を高めたいと望んでいます。しかし、私たちが五感を通して見たり、聞いたり、匂い、味わって知覚できるものは、この世界に無数に存在しているものの中のごくごく一部です。

つまり、本当は無限に存在するものに対して、ごく限られた有限の現実しか体験できないということです。そのため、天の意図は常に覆い隠されたまま、私たちは知覚できるわずかな部分しか現実として捉《とら》えることができないわけです。だからこそ、私たち人類は、終わりのない果てしない人生の旅を続けることになります。それは決して完結することのない旅です。

私たちはこの世界を望遠鏡や顕微鏡を使って見ることができますが、レンズによって拡大できる範囲は限界があります。そのレンズで拡大できる範囲を超える領域については、私たちは知る術《すべ》がありません。

これと同じように、**この世界は無限なのですが、私たちが認識できる範囲は限界があるため、ほんのわずかな部分しか知ることができない。このわずかな部分だけのことを、私たちは「現実」と呼んでいるのです。**

私たちの**認識を超える部分は「ミステリー」**であり、**認識したことは「ヒストリー」**と呼びます。「今」を認識することはありません。なぜならそれが起こったときと、私たちが認識する間にはほんのわずか数ミリ秒ですが時差があります。私たちが認識するのは、常に過去に起こったものであるわけです。

このように私たちはミステリーとヒストリーの中に生きている。つまり、無限なものについての大まかなイメージと有限の世界に現れた現実です。そして、常に未知な世界があるからこそ、私たちはそこに向かって進むことができます。知りたいという好奇心が、私たちを探求と発展に向かって駆り立てるのです。

朝起きたとき、「今日は精神性を低めたい、意識レベルを低くしたい、やりがいのない仕事をしたい、貧乏になりたい、家族の人数を減らしたい、友人を減らしたい、不健康になりたい」などと言う人はいないでしょう。何か相当嫌なことがあったときは、そういう考えを抱くかもしれませんが、それは一時的な感情でしかありません。本気でそう思う人はいないでしょう。

無理のある偏った感情は一時的なものでしかありません。それに対し、真実のバランスが保たれた愛の状態は永続性があり、私たちを力づけるものです。この愛の本質こそが、私たちを無限の可能性へと覚醒させてくれます。事実、私たちは人生を構成する7つの領域(「スピリチュアル」「メンタル」「仕事」「お金/経済」「家族」「社交/人間関係」「身体/健康」)について成長するという天命を持っていて、愛を通して永遠不滅の自己、魂とつながっているのです。

私たちは、人生のすべての領域で自分の存在を拡張し本質に目覚めようとしています。何か足りないと感じれば、それを満たそうとします。**つまり、何か足りないと感じているものが、私たちが価値を認めているものであり、一番不足を感じることこそが、自分にとって最も価値あるものとなるのです。**

人間関係がうまくいっていないときは、人間関係を改善したいと願い、お金が足りないと思えば、もっとお金が欲しいと思います。知識が足りないと思えば、もっと学ぼうとします。このように自分が足りないと思っていることを重要に思い、それを補おうとする。こうして、私たちは自分が重要と考える分野で自己意識を高めようとするのです。

私たちは常に成長しようとしている。それは、本来は無限の世界の中であるにも関わらず、足りないものを見つけては、それを有限の世界において価値あるものを具現化しようとする行為です。「充実」とは「心を満たす」の意味ですが、ヘンリー・ジェームズが「私たちが知覚できるいかなるものも、魂を満足させることはできない」と言うように、**魂を満足させることができるのは感謝と愛だけ**なのです。

熱望が意義を生み出し、意義が運命を支配し、運命は意義が移行するにつれて変化します。でも運命は私たちの人生の時間と空間における1つの目的地にすぎません。そして人生は、それらすべての運命を集めたものです。

関わりたくないと思えば思うほど…

私たちはそれぞれ価値観に独自の優先順位をつけています。なので私にとって最も重要なことがあなたにとっては全く重要でなかったりします。そのため、私たちが見ている世界は人によってそれぞれ異なるといえます。

たとえば、ショッピングモールにいる夫婦を例に考えてみましょう。妻が第一優先の価値観を子供においていると、子供服、医療、教育に関心を持ちます。夫は第一優先の価値観をビジネスにおいているとします。モールを歩きながら、妻は子供に関連するものには目を向けますが、ビジネスに関連するものには全く関心がありません。つまり、彼女は子供用品のセクションでは「ＡＳＯ（注意過剰状態）」になり、ビジネスのセクションでは「ＡＤＤ（注意欠陥障害）」になるわけです。

一方、夫は子供用品のセクションには興味を示さず、ビジネスのセクションにばかり注意がいきます。この場合、夫はビジネス関連のものには「注意過剰状態」になり、子供のものについては「注意欠陥障害」になるのです。結果として、夫が買い物をしているとき、妻は押し黙り、妻が買い物をしていると夫はいびきをかく。この状況を打開するために、神はスターバックスを地上のモールの真ん中に作り、2人がお互いに感謝できるようにしたのかもしれませんね(笑)。

実はここに不思議なパラドックス(矛盾)が潜んでいるのです。私たちは優先順位が一番低いものについては、関わりたいとは思いません。**しかしながら、私たちが関わりたくないと思えば思うほど、その関わりたくないものと関わらざるを得ない状況が起こってしまうものなのです。**しかも、その関わりたくないことに愛を感じるまで、そうしたことが繰り返されるのです。

私たちは、自分の価値観に合致したものは受け入れますが、そうでないことはなるだけ遠ざけようとしますね。しかし面白いことに、夫が遠ざけようとすることを妻が持ち込もうとする。その逆もまた然りです。

これはもうまるでゲームです。夫は自分の価値観に合うことを探し、それだけを見ようとする。これは研究者がやっていることと似ています。研究者は、自分がこうだと思い込んでいることを裏づけるデータばかりを探そうとし、それが見つかると「やはりそうだったか」と納得します。しかし、意に反するデータについては無視しようとするのです。

誰かに夢中になるということは？

私たちは自分の価値観に基づいて、すぐにいろいろなことを評価しようとします。本来2つに分けられないものを2極化して表現し、本来無限で神性なるものを人格化して理解します。自分の価値観で物事を推し量るため、誰もが自分と同じ視点で物事を見るものだと思い込んでいます。自分の価値観に反するものは認めようとせず避けます。自分の価値観に合う人を高く評価し、反する人を批判します。

すべてが万事こんなふうなので、私たちは何かに心酔したりそれを賞賛したかと思うと、あるときは反感を抱いたり軽蔑《けいべつ》するといったように、2極化した感情に振り回された人生を送ってしまうのです。

誰かに夢中になってしまうと、その人が自分の心の時間と空間を占めてしまいます。誰かに熱をあげた経験がある人ならわかると思いますが、こうなると相手のことがなかなか頭から離れません。このような偏った思考を持つと、熱をあげた相手に束縛的な愛着が自然に生まれます。相手の良いところしか見えず、惹《ひ》かれてしまい、それが生活を支配するようになります。

同様に、自分の考えに反するものについては、私たちはそれを「悪いもの」と決めつけ、避けようとします。しかしながら、この嫌なことも同じように心の時間と空間を占めるのです。

私たちは、何かを評価するたびに、それが自分より上または下であるという錯覚に陥ることになります。誰かに熱をあげていると、相手のために自分を犠牲にしたいと思います。また、自分の価値観を押し殺し、相手の価値観を自分の人生に取り入れます。

これはまるで自分を相手の人間に変えようとする行為です。このとき、私たちは自分に対して感謝していない状態になっているのです。**つまり誰かに夢中になるということは、自分という存在への感謝を失うことを意味します。**

それから相手が自分にはない何かを持っていると認識することは、自分自身の一部を捨て去ることを意味します。このことはよく聞いて欲しいのですが、自分が持っていないものを他の誰かが持っていることなど決してありません。そのように見えるのは、相手が自分とは異なる形式でそれを持っているというだけのことです。

自分を過小評価し、他の誰かのようになろうとすることは、他人の人生を歩もうとするのと同じです。するべき、やるべき、しなければならない、そうしないといけないといった考えは、すべて他の誰かの指図だと理解してください。

同じことが、自分の意に反したことをする相手に対し、自分の正当性を主張するときにもいえます。

このときは立場を変えて、自分が誰かに対し、こうするべき、やるべき、しなければならない、そうしないといけないといった考えを押しつけていることになります。自らにうぬぼれ、自己中心的で傲慢《ごうまん》な考えから、相手に自分のようになるよう強制しているわけです。このとき、相手に対して感謝の心がないことを意味します。

誰かを持ち上げたり見下したりするとき、私たちは感謝の心を忘れている状態になっています。**誰かのようになりたい、他の人に自分のようになってもらいたいと考える自分がいる。でも、ありのままの自分を愛してもらい、感謝してもらいたいというのが、私たちの本当の思いではないでしょうか。**

人をジャッジしない！

誰かをありのままに愛したとき、その相手は私たちが真の意味で愛する人となります。

でも偏ったものの見方をしていると、相手に熱をあげたり罵《ののし》ることに途方もないエネルギーを費やすことになるでしょう。おかしなことに私たちは自分の判断が絶対正しいと確信しています。

これは天の意思に反する行為です。評価することは、その前提として何かが欠けていると考えていることを意味するからです。私たちが自らを有限の存在であり、いつか死を迎えるものとみなしているかぎり、私たちは無益と有益の２つの軸を持ち続けることになります。

私たちは感謝していない状態にいるときに、自分自身や他人をジャッジしようとします。でも、自分が無限の存在であると知るならば、自分に欠けているものは何もないことに気づくはずです。ただそれらがまだ認識できる形になっていないというだけなのですから。

一旦このことに気づけば、欠乏とは単なる幻想にすぎず、自分が求めているものは潜在的に既にあるということがわかるでしょう。

この世にジャッジしたり評価する必要があるものなどありません。私たちのマインドは完璧にバランスしています。すべてのことが秩序に従っているのですから、評価することを止めさえすれば、私たちはS.O.U.L.（Spirit Of Unconditional Love：無償の愛の魂）の世界へと踏み入ることができるのです。

その精神レベルになれば評価は存在しません。ただ相手の尊さを受け入れるだけです。そしてそれは、自分自身の尊さについても同じことがいえます。その瞬間、私たちは無条件の愛と感謝の気持ちに満たされます。そして、物事がこうではないと見るのではなく、そのありのままの姿を見ることができるようになります。それまで見えなかった天の秩序の存在を認識し、それを称えることができるようになるのです。

17歳のときの決心

私はハワイでテント暮らしをしながら毎日サーフィンをしていた17歳の頃にストリキニーネ中毒で死にかけたことがありました。でも、この思いもしなかった危機が大きな幸運をもたらしてくれたのです。

なぜなら、そのおかげでポール・C・ブラッグという聡明《そうめい》な人物に出会い、私の人生の使命を悟ることができたのですから。私の使命・夢は、偉大な教師、ヒーラー、哲学者になることです。世界中を旅して、身体・心・精神に関する普遍の法則、特に人々を癒す法則を学ぶことに人生を捧げるのです。そして世界中の国を訪ねてその研究結果を人々と分かち合うのです。

私は人々が生きる目的を持って最高の人生を送る手助けをしたい。これが私が17歳のときに決心したことであり、私はそれ以来34年間その活動に取り組んでいます。今もそうですが、これからも肉体を持って生きているかぎり続けるつもりでいます。

これまで一億五〇〇〇万人以上の人にこのメッセージを伝える機会に恵まれてきました。そうしていく中で、この世に存在するのは愛だけであり、それ以外のものは幻想にすぎないと確信するようになりました。今では「愛が存在しないところなどない、神の存在しないところもない」と考えています。

もし仮に愛の表れであると説明できないものがあるとすれば、それについてまだ完全に理解していないのが原因です。この世のありとあらゆることが自然のフィードバックによって私たちの物事の見方のバランスを取り戻してくれます――これは天の秩序がそこに存在することの証です。

ストレス反応が教えてくれるもの

18歳の頃、ドイツ人哲学者のゴットフリート・ヴィルヘルム・ライプニッツによる「形《けい》而《じ》上《じょう》学《がく》叙説」を読む機会に恵まれました。その中で彼は神の完全性・神の美・神の愛・

神の荘厳さについて見事に説明しています。彼は「真の神の完全性を知り得ることができた者は少ないが、知り得た者たちの人生は永遠に変わった」と述べています。

私は、物事に対して最初に評価するだけでなく、より深く探求しようとする人、内なる声やビジョンに耳を傾ける人は、真の神の本質（私たちの内に満ちあふれた愛の精神）を体験することができると思います。

18歳の頃から、私はライプニッツが本の中で描いた人たちのようになりたいと思っていました。どのようにすれば神の愛と荘厳な高次の意識に目覚め、それを修得できるのか知りたいと思いました。そうでないと、いつまでも物事を評価しては、何か欠けていると思いながら人生を送ることになると考えたからです。

物事に感謝していないとき、私たちの身体はストレス反応を起こします。私たちの身体に現れるさまざまな症状は、この世界の完全性を知り、常に私たちの周りに存在している愛に気づき、意識を覚醒するためのフィードバックなのです。

私たちが覚醒して、こうした身体の症状の真の意味を理解したとき、私たちは心の真実へと導かれます。何事もジャッジする必要がないというのが真理なのです。

ポジティブまたはネガティブな状態、夢中または反感を持った状態でいると、それらの感情が重荷になります。しかし、偏った考えをバランスのとれたニュートラルな状態に戻してあげると感情は統一され、悟りの状態になります。この悟りの状態は、魂をより高次のレベルへと導いてくれます。人生のバランスに目を向け、愛に満たされた今を生きる術をマスターすれば、私たちの魂は偉大な存在（サムシング・グレート）へと導かれ、天の原理に目覚めることができます。それが感謝の魔法への目覚めです。

感謝の効果

感謝の原理を無視し物事を注意深く見ることがないと、私たちはすぐに物事をジャッジしてレッテルを貼ってしまいます。そして、1週間、1カ月、1年、5年経った後に、自分の判断はただの偏った幻想だったと気づくのです。

この34年間、私は毎日感謝したことをノートに記録してきました。1日も怠ったことがありません。つまり何が言いたいかと言うと、1日の中で感謝できることは探せばたくさんあるということです。ただし、自分に都合のよいことだけを見て、都合の悪いことを無視してしまうとバランスに欠けるため、真の充実感を得られません。なぜなら人生の片方だけを感謝するのでは、本来の半分の充実感となってしまうからです。それは、磁石の働き（磁力）を知るせっかくの好機に磁石の片側（S極 or N極）だけを知るようなものです。

人生で経験するサポートとチャレンジの両方を受け入れて初めて、人生全体を受け入れることになるのです。私はこうして34年に渡って人生の真の姿を感謝して受け入れてきました。まさにこのことが、私にとって本書で提唱する感謝の魔法の源となっています。

人生における自由

法則は、すぐにそれを理解できなくても、継続して探求することが大切です。感謝の心で素直に宇宙の荘厳さを認めるとき、感謝の魔法によって私たちの意識は1つ上のレベルにジャンプすることができます。天の知性と法則を喜んで受け入れたとき、私たちは自己変革することができます。

人生における自由とは、誤った見解からの解放であり、それは天の秩序や宇宙の法則を素直に認めることができたときにもたらされると私は考えます。真の感謝の状態になったそのとき、表層的な現実ではなく、永続的なすばらしい世界に目覚めるのです。

私は過去34年間、実は自分の存在を全人類の中に認めることができることを、再現可能な科学として証明できることを伝えてきました。私について誰が何と言おうと、このことだけは真実であると、私はだいぶ前に気づいたのです。

その真実とは、私は人類が持つすべての特徴を持っているということです。私は良い人でもあり、意地悪でもある。親切でもあり残酷でもある。人に与えることもすれば、受け取ることもある。自分の嫌な面を無視して、よい部分だけが自分なのだというフリをすることもできます。でも、正直になればなるほど、自分にはすべての面があると認めざるを得ないのです。

私はかつて自分の半分の特徴（嫌な面）については自分の中から消し去りたいと考えていました。でも、それは無駄なことだと気づきました。なぜなら、捨て去ろうとすればするほど、捨て去りたい部分が人生の中でどんどん現れるからです。なので、最終的に私はその嫌な部分を受け入れることに決めたのです。

そうすると面白いことに、私はその嫌な部分を上手に使いこなすことができるようになりました。

ポイントは、**自分自身を愛するのに、自分のいかなる部分も嫌い消し去ろうとする必要などないということです。**あなたは、あなたそのままですばらしい存在なのです。あなたは畏敬《いけい》の存在として生まれたのです。もし、あなたの何かが必要とされていないなら、そもそもそれ自体が存在するはずはないのです。存在しているということは、それが必要とされるものだからです。
もし、必要性がわからないものがあるとすれば、それはあなたがまだそれについてよくわかっていないから。その必要性、それがあることの意味を見つける必要があります。ぜひ、見つけてください。それを発見したとき、あなたは感謝の魔法を体験することになるでしょう。

私は小学校1年のときに、一生読み書きやコミュニケーションができないだろうと言われました。人生で大きなこと、多くのことを決して成すことができないと言われました。私はその言葉を受け入れてしまいました。7歳から17歳までの10年間、私はそう思い込んでいたのです。

そして17歳のとき、私はポール・C・ブラッグに出会いました。彼は私が天才であり、学んだ知恵を活かすことができると確信していました。彼のその確信は、私が自分自身を疑う思いよりもずっと確かなものでした。彼のその明確な思いが、私を本来の自分と自分の運命に目覚めさせてくれたのです。この賢者に出会って以降、世界中の人に対して彼が私にしてくれたことと同じことをするのが私の夢となりました。私は自分にはそれができると確信しています。なぜなら、信念が自分をどう変えたかを実際に目の当たりに経験してきたのですから。

毎晩眠りにつく前に、その日あったことに対して感謝することをお勧めしたい。朝目覚めたときに、感謝の気持ちを持って1日をスタートするのも良いでしょう。この世界は、感謝こそがすべての本質です。感謝の心は人生のすべての領域に波及効果をもたらします。

感謝していないとき、私たちは恐れと罪の意識に陥ります。しかし、感謝の気持ちに溢れていると、人生に奇跡のようなことが起こるのです。

次の章からは、感謝の心がどのようにスピリチュアルな探索を導く光となるのか、あなたの意識や仕事、お金への影響についてお伝えします。また、家族や社会活動、スタイルや健康に感謝の魔法がもたらす効果についてもお話しします。

ではシートベルトをお締めください。さぁこれから一緒に旅に出掛けましょう。

第1章まとめ

・すべての物事は「相反するもの」がペアで1セットになっている
・私たちは認識できる範囲だけを「現実」と呼んでいる
・関わりたくないと思うほど「関わらざるを得ない状況」が生まれる
・誰もが「ありのままの自分」を愛してもらい、感謝してもらいたいと思っている
・「ストレス反応」は意識を覚醒するためのフィードバックである
・人生における自由とは「誤った見解」からの解放
・感謝していないとき、私たちは「恐れ」と「罪」の意識に陥る

第2章

感謝とスピリチュアルの考察

ある目に見えない法則

最初に、私のセミナーに参加したある女性のエピソードを紹介しましょう。彼女の名前は仮に「リンダ」と呼ぶことにします。リンダにはバイクレースとオフロードバイクが大好きなティーンエイジャーの息子がいました。

息子がモータースポーツに熱心なのはいいのですが、それが危険なスポーツであるためリンダはとても心配していました。一方で、息子がレースで優秀な成績をあげていたことに喜んでもいました。彼はレースで優勝するほど才能があったのです。

しかし、**ある日生死に関わるほどの大事故を起こします。**幸運にも彼は九死に一生を得たのですが、**身体の一部が麻痺《まひ》する後遺症を負ったのです。**

事故の前、リンダは神に息子の安全を祈りました。彼女は息子がレースで勝利すること、そして神が息子を常に守ってくれるという過度な期待と幻想を抱いていました。この祈りという行為は、頼みごとといった意味もありますが、（彼女が当時持っていた概念としての）神に指図しているのと同じでした。

息子がケガを負ったことで、リンダは精神的にかなり落ち込みました。彼女は事故を神のせいにして神に対し怒りと憎しみを抱きました。神が事故を防がなかったことに憤慨していたのです。彼女の過大な期待は、その反動で深刻なうつ状態に変わり、リンダは何年もの間うつ病を患うことになります。

それからほどなくして、リンダと息子が、私の『The Breakthrough Experience（ブレイクスルー・エクスペリエンス・セミナー）』に参加したのです。そのセミナーでリンダは事故に対する考えを完全に変えることになります。そして、彼女は「感謝の効果」を体験することになります。そのときの様子は次のとおりです。

数々のケガの治療を試す中で、リンダの息子はカイロプラクター（整体師）と出会い、その施術によって大幅に回復し、いくつかの身体の機能を取り戻すことができました。このことがきっかけで息子は自分もカイロプラクターになろうと決心することになります。彼は学校へ通いカイロプラクティックの博士号を取得し、自身の診療所を開設することになります。

その後、彼はカイロプラクターとして実績を積み、多くの患者が訪れるようになり経済的に成功しました。そして彼自身も後遺症をすべて克服し、診療をオフロードバイクのレーサーに特化して行うようになりました。それから後に、オフロードバイクの会社を立ち上げました。

もしあの事故がなかったら、彼はカイロプラクターになることはなかったでしょうし、新しい人生のキャリアもなければ多くの人を癒すこともなかったでしょう。そしてオフロードバイクの会社を買収するほどの経済的な成功もなかったのです。

セミナーでディマティーニ・メソッドを経験することで、リンダはこのことに気づいたのでした。そのとき彼女は「何てことなの！あの事故が本当はすばらしい神のご加護だっただなんて！」と思わず叫んだのでした。息子を失うかもしれない経験からきた精神的ストレスは、その瞬間一変しました。

息子が負った大ケガが彼の持つ治癒力を目覚めさせるきっかけとなった。そしてその結果、彼はそれまでより大きな成功を成し遂げることになった。このことは、息子がレースの世界で抱いていた夢よりもすばらしいものでした。

当初、リンダは神を憎み怒りをおぼえていました。なぜなら彼女は事故の中にある目に見えない法則の存在に気づいていなかったからです。しかし、神のご加護の種は最初からそこにありました。リンダが神に祈っていた2つのことは、しっかりと叶えられていたのです。

そういう視点で息子の事故を捉えたとき、リンダの目には感謝の涙が溢れていました。「今は神のご加護があったことがわかります。感謝の気持ちでいっぱいです。神に感謝しています。これまで見えていなかった法則が今では見えます。息子が元気にレースをしているときでも、彼が首の骨を折るのではないかと心配しながら人生を送りたくはなかった。つまり、私の願いと祈りは両方叶えられたのですね」

事故直後、神が間違いを起こしたのだと怒りを感じていたリンダですが、実際は初めからすべては完璧な法則に従っていたのです。

法則が働いていないことなどありません。この宇宙に愛がないことなどないのです。

「神様が願いを叶えてくれなかった」と憤る人

人生で何が起ころうとも、その困難の中にある良いことを探してみてください。どんな危機の中にも、よくよく時間をかけて考えれば、それまで気づかなかった恩恵が見えてきます。恵まれていると感じないのは、あなたがそのように選択したからです。**恵みのない危機などあり得ません。得るものなくして何かを失うことは決してなく、新しいチャンス**

の窓が開かれることなく窓が閉じることもありません。

どんな悲劇もいつかそれを笑いとばすことができるものです。危機が起こったとき、まさにそれと同時に起こる恵みを探して、待っていないで最初から感謝するのが賢明です。

年齢とともに培われる知恵も大事ですが、それと同時に若いうちから先人が発見した知恵に触れることも大事です。

感謝の魔法とは、人生の出来事の中に隠れた秩序に気づく知恵を持って、「今」感謝することです。

神が願いを叶えてくれなかったと憤る人は、神を人間と同レベルのものとして捉えているようです。そもそも神を「Him（彼）」と男性に限定する呼称を用いているのですが、これは考え直す必要があるかもしれません。神が自分の期待に答えてくれない、願いを叶えてくれないと言って憤るのは愚かなことであり英知ある行為とはいえません。

英知とは隠れた真のすばらしさに気づき、法則が常に働いていることを知っていることです。真の感謝とは、常に法則が働いていることをありがたく思い、すべてをありのまま受け入れ感謝する心です。感謝するのに待つ必要はありません。探せばそこにあるのですから。英知とは危機は同時に恩恵でもあると瞬時に認識することです。

天の法則、天の意図とは？

人類は太古より世の中の仕組みを知りたいと思ってきました。原始的な神話信仰は、人の好奇心を満たし、身の周りの事柄を説明するための最初の試みでした。その後、神話から宗教や科学が生まれます。そして最終的にこの世界のすべてに自然の法則が働いていることに気づきます。この目に見えない理にかなった宇宙の法則に対する畏敬の念があったからこそ、歴史上の偉大な思想家は数々の挑戦や失敗にあいながらも未知のものを探求する勇気と信念を持って数々の発見を成し得たのです。

過去20年間に私は何千件ものコンサルテーションを通して、クライアントの人生に隠れた法則を明らかにしてきました。この法則による人生の完全性を発見したとき、彼らはまるで悟りを開いたかのような境地を体験し、そして謙虚な気持ちになったのでした。

それはまるで、この法則の源である目に見えない存在と実際にコミュニケーションをとったかのようでした。この目に見えない法則を発見する強烈な経験をすると、人は天の意図（Grand Organized Design）に畏敬の念を抱くようになります。

この重大なことを理解すると、個人が抱きがちな幻想や非現実的な欲望の束縛から解放されます。また、偉大な知的存在に対して謙虚な心でその威厳を認めるようになります。
これこそが真の信仰心であり、知的存在に対する深い感謝の気持ちです。人類に多大な貢献をしてくれた偉大な科学者たちの誰もが、この宇宙が神の秩序の下で完璧であると素直な理解と英知を示しています。彼らは実際は、この世には愛以外のものは存在しないことを知っています。愛こそが感謝の魔法の本質なのです。

神は存在するのか？

多くの人がアイデア、特にスピリチュアルについてはステレオタイプなイメージを抱いています。以前、こういうことがありました。

私のセミナーで、ある女性がこう言ってきました。
女性「私の夫は全く信仰心がないんですよ」
私「信仰心がないとはどういう意味ですか？」

女性「夫は神を信じていないんです。教会に行く必要があるとも思っていません」
私「旦那さんは無神論者ですか？神を否定しているということですか？」
女性「はい」
私「なるほど。ところであなたの言う信仰心とはどういう意味ですか？信仰心は具体的にどういうことをいうのでしょう？」
女性「そうですね、神を信じることだと思います。神は信じなくてはいけないのですから」
私「ほう、信じなくてはいけないのですか？『〜しなくてはいけない』ということは、誰かがそうしろと言ったということですね。どこで聞いたんですか？」
女性「ええと、そう教わってきたのです…」

この後、私たちは彼女の生い立ちについて語り合いました。そして、彼女は自分が入信している宗教の教義と権威制度に従属していたことに気づきました。

これは、そのことが良いとか悪いと論じているのではありません。ただ、彼女がこれまで信じてきていることが彼女の人格にどのような意味をもたらしているのかを考えたことがなかったということです。彼女は自分がこれまでこうするのだと言われてきたことを、そのまま他人に対して自分が言っていたわけです。「神」という言葉が彼女にとってどのような意味があるのかじっくり考えたことがなかったのです。

私「旦那さんがたとえ自分が無神論者であると言っているとしても、彼は何か信仰的なことをしていると思うのですが、どうでしょう？」
女性「いや、それはないと思います。信仰的なことは何もしていないです」
私「あなたは信仰心について限定的な固定概念をお持ちのようですね。信仰心は、祈ったり教会に行くことだと思っているのではありませんか？もし、そうだとすれば、教会ができる前はどうだったのでしょうか？宗教の儀式が定まる前はどうだったのでしょう？信仰心は別の方法で表現することもできるでしょうし、もっと幅広い方法の可能性も考えてみてはどうでしょう？ところで旦那さんはお仕事をして収入を得ていますか？」
女性「はい」
私「その収入で家族を経済的に養っているのですね？それは信仰的な行為と見なすことができる愛の奉仕だといえませんか？」
女性「ええ、確かに」
私「だとすれば、旦那さんの行為や目的は信仰心の現れだとも言えるのではないでしょうか？」
女性「そうとも言えるかもしれませんね」
私「旦那さんは世界に奉仕していますか？」

女性「えぇ」
私「多くの人に貢献していますか？」
女性「ええ、何百万人もの人に…」
私「つまり旦那さんは何百万人もの人のために働いている。それは信仰的な貢献ではないでしょうか？」
女性「まあ、そういう言い方をすればそうかもしれないです。確かに…」
私「旦那さんは仕事が好きですか？」
女性「ええ、夫が仕事に熱心なのは確かです」
私「仕事を愛してそれに打ち込んでいることも信仰的奉仕ではないでしょうか？仕事を愛していないけれど教会には行っている人のほうが、仕事を愛して熱心に働き何百万人もの人を助けている人よりも信仰心があるといえるでしょうか？どちらが信仰的といえるでしょう？」
女性「ええ、そういうふうに考えたことはなかったわ。どちらも信仰的だと思います」
私「旦那さんは家族を愛していますか？子供のことを考えていますか？」
女性「考えています」
私「それも信仰的なことでは？」
女性「そうかもしれません」

私「旦那さんは子供を養い彼らの成長をサポートしている?」
女性「はい」
私「勉強を見てあげたりもする?」
女性「します」
私「それは信仰的であり価値のあることでは?」
女性「そうです」
私「もし旦那さんが今日突然亡くなったら、困るのではないですか?あなたは教会に行けなくなるかもしれません。旦那さんが子供たちに表現していた愛情を今度はあなたが示さなくてはならなくなるのではないですか?」
女性「そうですね」
私「ということは旦那さんの行為はすべて信仰的ということですね?」
女性「はい」
私「あなたはこれまで信仰心を1つの箱の中に限定していたとはいえませんか?旦那さんはあなたの定義する信仰心は持ち合わせないかもしれませんが、だからと言ってそれが信仰的でないという意味になるでしょうか?もしかすると旦那さんはあなたの信じる『神』について人間中心的な見方に賛同しないかもしれません。でも、もしかすると彼は自然の法則や宇宙の法則に感謝や崇敬を持っているかもしれませんよ」

女性「ええ、まさにそれが夫の仕事です。夫は科学者なんです。自然界の法則について研究しています」
私「それならば、どうして旦那さんが信仰心の無い人だと言い切れるでしょうか？」

天文学者のカール・セーガンは次のように書き残しています。
「私には、我々の先祖の想像をはるかに超える繊細でエレガントな法則が、荘厳な宇宙意識の中に現出しているのが見えます。いくつかのシンプルな自然の法則によって宇宙を解明できるなら、神を信じたい者は、自然界に働くこれらの美しい法則に帰すればよい。個人的には、宇宙をこうあって欲しいとするより、実際に宇宙がどのようなものか理解することのほうがずっとよいと考える」

正反対の価値観を持つ人

スピリチュアルについて、自分の理解のみが正しいと信じている人もいますが、誰が正しくて誰が間違っているということはないとしたらどうでしょう？ありがたいことに人は誰もがユニークな存在です。

ちなみに、私は「GOD（神）」という言葉を宇宙のGrand Organized Design（雄大で秩序立った意図）という非人称の概念、または人称で表すならGrand Organizing Designer（偉大な秩序化設計者）またはGreat Organizing Director（偉大な秩序化責任者）と捉えています。

スピリチュアルの概念は、最終的にはすべてオーバーラップしていて、私たちはこの世界に何もかも愛するために存在するということに落ち着きます。例外なくです。愛せない感謝できないという人は、凝り固まった概念に囚われているだけです。

世の中には自分と全く反対の価値観を持つ誰かがいます。粒子と反粒子、陽電子と陰電子（電子）が量子物理学上の相補性の関係を持つように、私たちも相補性の関係を持つのです。正反対の価値観を持つ2人がいると、1人は陰性でもう1人は陽性と位置づけされます。片方の人間にとっての毒は、もう片方の人間の栄養です。そして世界中の人の価値観をすべて集めると、バランスのとれた愛の秩序を形作ります。これがこの世に存在する愛です。

これを「神の愛」と呼んでもかまいません。神—つまりGrand Organized Designの愛です。人生で出会う人たちはすべて、似た価値観の人であろうが違う価値観の人であろうが、私たちが誰でも愛せるようになるために現れた人たちです。愛せないとすれば、それが自分自身の嫌いな面を愛することを抑制し妨げていることになります。

私たちの誰もがすべての人間的特性を持っています。自分と異なる人たち、異なる価値観を持つ人たちを愛せるようになることは、究極的には自分自身を愛する旅です。私たちは、すべてを愛することを学ぶためにこの世にいるのですから。

今までに何をしたか・していないかに関係なく、あなたは愛される価値があります。あなたのこれまでのすべての行いは、神の愛である全世界のバランスの一部を担っているのです。私は人生に働いている目に見えない完全性に気づいて欲しい、自分自身も他人も、誰も変わる必要がないのだと気づいて欲しくてディマティーニ・メソッドを開発しました。

私たちは愛と感謝を学ぶためにこの世に存在しています。これは私たちが永遠に愛と感謝の状態にずっと留まることを意味するのではありません。一度この秩序を体験したら、今度は別の自分が愛を感じていないことに進む。そして、それに愛を感じたら、また別のレベルへと進んでいく。

こういうことの繰り返しです。こうして、何度も何度も新しいことに向き合っては、その中に隠れた秩序を再発見することを繰り返すのです。こうして感謝の魔法を解き放ちながら、自分や周りの人たちに影響を与えていくのです。

神が存在しない場所は？

これからお話しすることで、あなたのＧＯＤについて固定概念に囚われたものかどうかわかることでしょう。シク教の開祖はナーナク師という名の偉大な指導者でした。彼はまさに人生を世界中の宗教を学ぶことに捧げた人でした。

探究のためイスラエルに行ってユダヤ教とキリスト教の勉強をし、メッカへも出かけてモハメッドの教えを学びました。メッカの大広場の中心にある四角い建物で、東側の壁には隕石《いんせき》である神聖な石が埋め込まれているカーバ神殿にも訪れました。

ナーナク師は広場に足を踏み入れ、足を神聖な石に向けて仰向けに寝て瞑想《めいそう》しました。でも寺院のしきたりでは神聖な石の方角に足を向けるのはご法度《はっと》でした。アラーの神を象徴するこの石に向かってできることは崇拝だけでした。足は汚れたものだとみなされているのです。人々はみな大きな輪の中で石に向かってひざまずき、逆のことを行う者は誰であろうと冒涜《ぼうとく》者とみなされます。**ナーナク師が足を向けて横になったので、周囲のイスラム教徒は非常に気分を害しました。**

人々は「冒涜者！冒涜者！神聖な石に足を向けるなんてけしからん！」と叫びました。

そして人々はナーナク師の足を押しのけました。でも彼の身体はくるりと回っただけで、不思議なことに足はもとのように石に向かっていました。人々が彼を蹴《け》りあげると、彼は転がり身体を起こすと、また同じ方向を向いていました。人々は彼を広場から引きずり出しましたが、ナーナク師は人々の後ろについて広場に戻りました。

何をしてもナーナク師の足は磁石の針のように石の方向に向きます。全くどうすることもできませんでした。足は石の方を向いたままです。皆が彼の周りに集まってきました。

そしてナーナク師が尋ねました。

「兄弟たちよ、どうしてそんなに腹を立てているのかね？」

「神聖な石に足を向けているからだ！」

「それがそんなに酷いことなのかい？」

「神聖な石は神の象徴だからだ！神に向かって足を向ける奴がいるか！悪いに決まっている！」

すると彼はこう言いました。

「神が存在しない場所がどこか教えてくれれば、喜んでそちらに足を向けましょう」

世界には3000の宗教があると言われています。信仰心とは排他的になることではありません。信仰心はどれか1つの宗教にかぎられるものではなく、すべての宗教、さらにそれ以上のものを含みます。

無神論は有神論を否定しているわけですが、それはまず有神論を認識することが前提として存在し得るわけです。信仰者の行動はときに無神論的であることがあります。彼らは神に何をしろと指図をします。「これが私の希望です」と祈ることがあります。彼らは神がその命令に従うことを期待します。こうしたことは愚かとは言わないまでも、無神論的です。あなたがどのような宗教を信じようと、あなたはもっと大きな信仰の一部なのです。

自分や他人を愛し人生をもっと体験したいのであれば、人生の恵みに感謝することです。それがあなたの夢の人生を送るための最も重要な第一歩となります。あなたの信仰するものが伝統的であろうが正統なものではなかろうが関係ありません。あなたは、自分を包み満たしている目に見えない生命エネルギーの流れに感謝し続けることができるのです。

人によってはこのエネルギーを魂と呼んだり聖霊とか生命力と呼んだりします。あなたの高次の存在とつながるときに体験する深い感謝の心を侮ることがないようにしてください。感謝の魔法の持つ力を見くびらないことです。この第一歩を踏み出すことで、あなたの人生の7つの領域に驚くような効果があるのですから。

「良いもの」も「悪いもの」もない！

人生のさまざまなシーンで感謝の心を持つことは大切であり有用であることに、ほとんどの人が賛同します。**しかし、それが悪事についてとなると話は別です。私の解釈はこうです。あなたが最も大切にしている価値観は、あなたの信仰心の表れです。**

たとえばあなたの価値観が子供だとします。そして、あなたは子供に関連することで充実していると、まるで宇宙が後押ししてくれていると感じます。そうすると、あなたはそれが自分の使命だと思うようになります。

たとえばローズ・ケネディの使命は「世界のリーダーとなる家族を育成することに人生を捧げる」というものでした。これがボディスタイルを最重視している人の場合は、身体のスタイルが魂の神殿であるかのようにヨガやフィットネスジムに興じます。それが、その人にとってのスピリチュアルの探求なのかもしれません。教会に行くことが好きな人は伝統的なしきたりや宗教がスピリチュアルの探求なのでしょう。

仕事に価値を置く人にとっては、起業して多くの人に奉仕することがスピリチュアルの探求となり、慈善家はスピリチュアルの探求のために、資金を募って社会に奉仕しているのです。

私たちの信仰心は、それぞれの価値観の優先度によって表現され、指紋のようにユニークなものです。全く同じ経験を持つ人間はこの世に2人といないので、同じ信仰的意識を持つ人は2人といないのです。

私たちは自分の価値観に合致するものは何でも「良いもの」とし、価値観に反するものは「悪いもの」とレッテルを貼ってしまいます。私たちは自分の価値観を基に常に物事をジャッジしてはレッテルを貼るのですが、これは誰もがそうしていることです。

ミステリー（神秘）とヒストリー（過去）

私たちの本質は成長することです。これは心に潜む強い渇望です。私たちのスピリチュアルな探求はそれぞれユニークです。あなた以外の誰かは、あなたにあなた自身のすべての面を愛することを教えるために存在します。

それは人に限ったことではありません。私たちは、出来事から社会体系、社会的地位、肌の色、人種、年齢、性別などといったすべてを愛することを学ぶためにこの世に生きているのです。愛に値しないものなど存在しません。大きな見地から物事を見れば、戦争と平和、残酷さと優しさも必要な絵の一部です。何も除外することはできません。

私たちは無知故に、不要と見なすものを除外しようとしてきましたが、できないことをするのは賢明ではありません。私たちが抵抗するものは、そこにあり続けるのです。

法則性が認知できない現象はミステリー（神秘）となり、法則性が明らかになるとそれはヒストリー（過去）となる。私たちは常にさらなる高次のミステリーに向かって成長しています。

そして、すべての物事に秩序だった普遍の知性を発見するため、私たちは存在しているのです。私たちが知覚したものの中でバランスを認識したものはすべて感謝に変わります。そうして最終的には、バランスのとれないものなど存在しないことを学ぶのです。間違いが存在しないことにも気づきます。何もかもすべてが常に宇宙の秩序の下に存在しているのです。

奇跡を起こす信念の力

ここではマイキーの話をしたいと思います。これは、困難に直面することでさらに信念が深まり強固になったという話です。

私がカイロプラクティックの診療を始めて1年目の頃のことです。ある男性が私の診療所を訪れました。仕事中に身体をひねってケガをしたのです。背骨にケガをして、いくつか肉離れを起こし、骨も数カ所ずれていました。私は治療を始め、男性はとても順調に回復し、1〜2週間後には普通に生活できるようになっていました。男性は非常に感謝し、診察のために妻を連れてきてもよいかと私に尋ねました。

私「もちろんですよ。よければお子さんたちも連れてきていただいてかまいませんよ。背骨がまっすぐできちんと機能しているか、喜んで診察いたしましょう」

男性「よかった。でも子供の1人には先生には治せない症状があるんです」

と言いました。

私「どういうことですか?」

男性「赤ん坊のときに大きな自動車事故にあって身体を変形させる傷を負いました。それ以来重度の症状があるんです」
私「何があったんですか？」
男性「時速70マイルほどで走っていて正面衝突したんです。子供は車外へ70フィートほど飛ばされて道に落ちました。そのとき足が内向きにねじれ、顔面を切り、骨盤を折って右目を失明しました」
私「カイロプラクターに診てもらったことはあるんですか？」
男性「ありません。でも作業療法士のところには通っています」
私「明日奥さんを連れていらっしゃるときにその子も連れてきてください。もしかすると何かできることがあるかもしれませんから。とりあえず診察させてください」

次の日、男性は妻と息子を連れてやってきました。その子がマイキーです。隣の部屋で私の助手が妻の検査をしている間、マイキーと父親は私と別の部屋にいました。

私はこの男の子を診ていて首にいくつかの障害があることに気づきました。椎骨《ついこつ》がずれていて、骨盤もずれていました。顔には大きな傷痕《きずあと》があり、目が動きません。後頭部を指で触って確かめていると、上部3つの椎骨がずれていて脳の鼓動が同期していないのがわかりました。

このような状態だと脳がきちんと機能しないのです。私は上部3つの椎骨を所定の位置に戻して脳の鼓動を同期させることに集中しました。子供の首を矯正し、両手で首を支えたまま目を閉じて同期するのを待ちました。


父親は子供の足下にいました。突然彼は「何てことだ！何てことだ！シェリー、シェリー！早くこっちへ！」と叫びました。シェリーは男性の妻の名前です。シェリーは後ろの部屋の診察台から降りて走ってこちらの部屋へやって来ました。マイキーの目が動いたのです。目が開いてまっすぐに両親を見ていました。

私たちはみな背筋がぞくっとしました。両親は息子の足下の床に座り感謝の涙に溢れていました。私たちはマイキーの視力が戻ったのだと気づきました。


私たちはしゃべり始め、両親は「奇跡だ、これは奇跡だ、これが奇跡でなくてなんだろう？」と言い続けていました。そして、私に息子が再び普通に動くことができるようになると思うかと尋ねました。

3人とも話すことに夢中で診察台に横になっているマイキーのことを忘れていました。マイキーはずっと動けないままでしたから、診察台にそのまま寝かせておいても何も危険はない、そう私たちは思ったのです。

ところがです。私たちがしゃべっている間マイキーは寝返りをうって診察台から降り、ねじまがった足で着地して壁に倒れかかりました。でも倒れる前に両足を着いて一瞬の間だけ立ったのです。その瞬間までマイキーは一度も立つことができなかったのにです。

私はこの男の子の背骨と骨盤を矯正し始めました。すると身体の動きは徐々に改善し視力は完全に回復しました。マイキーが歩くことを学ぶ間、両親はスケートボード用の肘《ひじ》あて・膝《ひざ》あて・手首パッド・ヘルメットをつけさせました。それから3カ月間頻繁に通院してもらった後、マイキーは診療所の廊下を1回も転ばずに自力で歩けるようになりました。そしてすぐにヘルメット・膝あて・肘あてなしで歩けるようになったのです。

「君には無理だよ」と言われたら

マイキーの両親は、マイキーは生涯身体障害者のままで見ることも歩くこともないだろうと言われていました。回復が進展するたび両親と私の目には感謝の涙が浮かびました。このような奇跡を目にすることができたことに、私たちはみな感謝していました。

また、私はマイキーの回復に関わることができたことにとても感謝しました。この経験から、私は何事も決して諦《あきら》めないということを学びました。誰かがそれは起こり得ないと言っても、それは決して起こらないということではありません。現実的な希望を持つ必要はありますが、治癒に関しては何が現実的なのか私にはわかりません。私はこれまで人が奇跡と呼ぶようなことを数多く見てきているからです。

わかっているのは、回復が進む段階で感謝の気持ちを持っていると、どんどん回復し続けるということです。実際に感謝すればするほどマイキーの回復は進みました。この家族は感謝の魔法をじかに体験したのです。最初はマイキーの回復が可能だと信じていませんでした。

でも私が信じていてマイキーを連れて来るように言ったため、彼らはリスクを承知で私を信頼しました。私は患者に対して信念と確信を持ってのぞむことを教えてくれたこのケースに感謝しています。マイキーのことがあって以降、私は諦めたことはありません。マイキーの後に何百人もの重症な患者がいましたが、この経験がなければ自分の限界を超えて挑戦することはなかったでしょう。

私は患者の回復が不可能だという考えを決して持ちませんでした。私のこの信念は患者の信念となり、それが回復につながって感慨と感謝を生むことになります。

もし誰かに「君には無理だよ」と言われることがあったら、諦めることなく、喜んでもうひと踏ん張りすることです。

それまでの人生で一度も歩いたことがなかったのに、その日私の診療所で彼は立とうとしました。これが彼にとって新しい人生の始まりとなったのです。マイキーが私のところに来たのは4歳のときでした。彼は

私にとっては、感謝の魔法を現実に目の当たりにしたもう1つの例でした。

生かされている

信念が私を支えてくれた別の話を紹介します。

ハワイに住んでいた頃、私はある宗教グループの人たちと一緒に、パールシティとマカハの間にある細長いビーチで生活したことがありました。夜になると皆ビーチで眠り、日中はとにかくいろんな奉仕活動をしていました。その日何か奉仕活動をすれば夜はなんとかなるものだという信条で生活していました。

私は1日中何も食べずに働きました。丸1日、ゴミを拾ってゴミ箱に入れてビーチの清掃をしたり、ビーチに来ている人たちの手助けを何でもしたりしていました。夜には座っ

て聖書を読むことになっていました。何か食料があれば食べ、なければ絶食するといった具合です。

全く見知らぬ人が食料をくれることは珍しくありませんでした。一度、夜8時頃に誰かがやってきて山のような食料を置いていき、それを私たちが数分で食べつくしたことがありました。ビーチで何人かの人々が私たちの隣で料理をしていたこともありました。「君たちどこに住んでるの?」と聞かれて、「ここです。ビーチに住んでます」と言うと、「どうやって食いつないでいるの?」と聞くので、私たちの奉仕と信念の説明をすると「じゃあ、こちらにおいでよ。何か食べるもの作るから」と言ってくれたことがありました。その晩私たちは美味しいホットドッグやハンバーガー、そして他にもたくさんの食べ物をもらいました。

このことから何があっても信念さえあればなんとかなることを学びました。私が一緒に暮らしていたグループではそのときキリストに感謝をしていましたが、キリストでなくてもかまいません。ただ人生に感謝するだけでよいのです。

ヒッチハイクをしてビーチや路上に寝泊まりするたびに、私はいつもどうにか助けられていて、何か高次の力があって、それが自分のことを守ってくれているのだと思うようになりました。それは自分の意識によるシンクロニシティ（共時性）であったのかもしれませんが、私はそれよりも何か大きな存在によるものだと思ったのです。

今、私はそのことを確信しています。私は早い時期から感謝の魔法について学ぶ適性があったのかもしれません。

第2章まとめ

・この世には愛以外のものは存在せず、愛こそが「感謝の本質」である
・「正反対の価値観」を持つ人によってバランスがとれている
・異なる価値観を持つ人たちを愛せるようになることが、自分自身を愛する旅
・「良い」も「悪い」も自分たちの価値観のレッテル
・法則性を認知できないものは「ミステリー（神秘）」、認知できるものは「ヒストリー（過去）」となる
・信念と感謝の魔法で「奇跡」は起こる
・私たちは「生かされている人生」にただ感謝するだけでよい

第3章

あなたの天才性を目覚めさせる方法

自分の中の天才性の見つけ方

感謝の魔法は私の知るかぎり最もパワフルなツールです。スピリチュアルの探求を導いてくれるだけでなく、意識の可能性を最大化するのにも役立ちます。では、どうすれば天才性を発揮できるのでしょう?**まず、天才になる必要がないことをお伝えしておきます。なぜならあなたはすでに天才だからです。ただ、あなたは自分の中の天才性に気づいていないだけです。そこで、どうすれば自分の中の天才性を発見できるのか、その方法をお伝えします。**

あなたがパーティーに招待されたと想像してみてください。あなたは出席したけれど、パーティーは退屈でなりません。でも招待者は、パーティー後に、あなたからお礼のカードが送られてくることを期待しています。社会的マナーをわきまえた性格のあなたはお礼の言葉を書こうとします。

そして書き始めますが、少し書いて「う〜ん、なんか違うな…」と思い、もう一度最初から書き直します。そして何度も書き直すのですが、もともと書きたいわけでも感謝しているわけでもないので、言葉がスラスラと出てきません。

こんな場合、どうすればいいでしょう？　あなたはそのいまいましいカードを書かなくてはと感じています。そこで一度書いたものを捨てて最初からやり直し、またそれを捨てて何度も書き直してからようやく「これでいいだろう」と判断して投函します。

それからしばらくして、あなたは別のパーティーに呼ばれました。今度は、実に魅力的な人たちと出会い、刺激的なおしゃべりをし、興味深いことを学んだとします。時間を忘れ、パーティー会場から離れたくないと思うほどです。

家に帰ってからお礼のカードを書くのですが、今回はお礼の言葉がどんどん出てきて書くのが追いつかないほどです。ただ溢れ出てくるものを自動的に書いているだけのように感じられます。あなたはひらめきに溢れている状態です。

ひらめきを得て書いた文章は詩的で流れるようなものになります。ただ言葉が自然と心から溢れ出ます。まるで内面からまたは外から何かの力があなたを導いて書いているかのようです。このように感謝の気持ちがあると、私たちの意識は驚くようなことを見せてくれるのです。

このことは、文章を書くことだけにかぎりません。感謝の魔法は、私たちの天才性を目覚めさせ、それまで自分でも気づいていなかった能力を発揮させます。**能力はもともと備わっ**

ているのですが、自らをジャッジしたり評価することで、それが阻まれてしまっているのです。私たちが真の感謝の状態にいるとき、私たちの意識は実にパワフルに働き、独創的な魔法を見せてくれるのです。

私が速読と能力開発プログラムで教えているシンプルかつ洞察的な学習の秘訣《ひけつ》の1つを紹介しましょう。それは、何かを学ぶ前に、手を止めて次のように問いかけるのです。「この教材を読むことは、私の最も大切な価値観とどのように関連するのだろう？私にとって最も重要な夢を叶えるのにどう役立つのだろう？」。この質問に何度も答えているうちに、力づけられ、学びたいという意欲がどんどん高まります。その結果、読解力と記憶力のレベルが向上します。読んでいるものと自分の価値観とがリンクづけされないと、読んでいてつまらないし、せっかくの新しいアイデアも一時的な記憶の保管庫に投げ込まれるだけです。なので、それを思い出そうとしたときには、記憶の保管庫からはなくなっていることになります。

自分の意志でとった教育講座であっても、それが自分の目標の達成に役立たないと感じたら座って聞くことも億劫《おっくう》だし、また理解するのも難しくなるはずです。**さらに、そのテストを受けるとなると、まるで地獄のように感じられ、学んだことを憶えることができないで**

しょう。テストが終わって5分後には、すべて記憶から消し去られていることでしょう。

これは人生一般においても同じです。自分の重要な価値観と目標につながらないことは、それが何であっても能率と創造力の両方が損なわれることになります。

意識と心を開く鍵は感謝の心であり、内に秘められた天才性を目覚めさせます。そして、あなたの天才性は執筆や芸術、音楽、歌、ビジネス、パフォーマンスなどさまざまな分野で発揮されます。意識に関わることはすべて感謝の魔法により力が高まるのです。感謝の心は私たちの注意力、記憶力、意志力を向上させます。

私たちが深く感謝しているとき、意識はその可能性を最大化するのです。次に紹介する話は感謝の魔法が発揮された実際の例です。

スランプの乗り越え方

ある日、飛行機で私は有名な歌手の隣に座っていました。名前を明かすことはできませんが、１９７０年代から１９９０年代前半まで非常に人気のあるロックバンドでした。私はコンピュータである資料を読んでいたこともあって、彼に注意していなかったので、彼が誰か気づいていませんでした。

私たちはあたりさわりのない会話を始め、私は「どこから来たのですか？」「職業は何ですか？」などと聞きました。彼が作曲していると言ったので、私は彼に「どんな音楽を作っているんですか？」と聞きました。すると彼は黙って私のことを見ました。彼は私が彼のことを知らないとは思わなかったのです。とうとう彼は自分が誰であるか教えてくれて、よく見るとこのファーストクラスのセクションで彼のバンド全員が私たちの隣に座っていたのでした。

私「調子はどうですか？何か新しいニュースはありますか？このところ新しいアルバムの話は聞かないですね」
歌手「いや、最近スランプであまりうまくいってないんだよ」
私「何か感謝できないような問題があったのですか？」
歌手「いやぁ、全くそのとおりなんだ」
私「何があったのですか？」

彼は私にこれまで起こったさまざまな問題について話してくれました。

私「そうした出来事について、メリットの部分を考えたことはありますか？もしあなたが真剣に探せば、どんな大変なことでも必ず恩恵を見つけることができるのですよ」
歌手「どういうことだい？」
私「つまり、どんな出来事も必ずバランスしているから、悪いことばかりというのはあり得ないということです」

私は彼に飛行機の中で彼に起こった過去の問題にディマティーニ・メソッドを適用してみました。彼の過去の問題を列挙し、すべての出来事について宇宙の法則とメリットを見出しました。その結果、彼は失ったものは何もなかった。すべては形が変わっただけで、別のエネルギー状態になって存在していることを理解しました。

彼がそれまで不運だと考えていたことは、実は感謝できるすばらしいことであったと心の底から納得するまで、気づくまでディマティーニ・メソッドをしたのです。


そうして過去のすべての出来事に感謝の心に満たされた瞬間、彼の目には涙が溢れ始め、私にこう言いました。

歌手「なんと、ジェット機で隣あわせただけの人が、これだけ全部やってくれたなんて信じられない」

私「私こそあなたのような偉大なミュージシャンが隣に座っているなんて信じられない思

いです。私は以前、あなたの曲をしょっちゅう聴いていたんですから」

そうして私たち2人は会話を楽しみ、この体験に感謝したのでした。

私「もし、今ここで目を閉じて、あなたが感謝していることに集中して心の中で新しい曲について求めたら、その詩の少なくともその一部が思い浮かぶかもしれません」

彼が私の言ったとおりにすると、突然彼の目から涙が流れてきました。彼は紙を1枚取り出して歌詞を急いで書き始めました。彼は夢中になって書いていたので、私は彼が曲のアイデアと歌詞を引き出せるようそのままそっとしておきました。

彼が感謝の気持ちを持ったとき、突然音楽の創作力が戻ってきたようです。彼は再びインスパイア（触発）されたのです。でも彼が過去のすべての感情的な重荷を取り除く前は、それらが彼の内にある音楽的な才能と天才性を阻害していたのでした。彼の意識はその天才性を発揮するのを待っていたのに、彼自身がそれを阻んでいたのです。彼の過去の出来事に対する感情的な重荷が彼をそうさせていたのです。でも感謝の魔法が彼をもとの彼の状態に戻したのでした。

彼は音楽の才能を再び発揮できるようになりました。彼は真後ろの席のバンドのメンバーに向かってこう言いました。

歌手「どうやら新曲ができたと思う」
バンドメンバー「えぇっ？何だって？」
歌手「俺の隣にいるこのすごい奴が、たった今新曲を作るのを手伝ってくれたんだ」

奇跡を起こす方法

私たちが真の感謝と愛の状態になるとき、意識はときおり「奇跡」を起こすことがあるようです。実は、私は「奇跡」を毎週のように目にしています。

真の愛と感謝の状態にあるとき、私たちの顕在意識は拡大します。五感による知覚を超えるのです。影響を及ぼす範囲も同様に拡大します。つまり、離れた場所にいる人に瞬時に影響を与えたり、離れたところにいる人から影響を受けたりします。

テキサス州ヒューストンでのセミナーで、ある男性に起こった本当の話です。彼は自分の姉と個人的な問題が原因で何年もの間、お互いに連絡を取っていませんでした。ところが、セミナーでディマティーニ・メソッドを実施して、姉に対して愛と感謝の気持ちでいっぱいになりました。**すると不思議なことに、彼が姉への嫌悪を打ち破ったその瞬間、彼の姉がセミナー会場に直接電話をかけてきたのです。**

このとき、30人ほどの受講生もその場に居合わせました。それまで姉からは11年もの間電話もなく、話すこともなかったのです。それが、彼が姉に対する反感を乗り越え、そのことを他の受講生に伝えているまさにその瞬間に姉から電話がかかってきたのでした。

セミナーの真っ最中であり、土曜日の夜11時過ぎのことですから、そのタイミングで電話がかかってくる確率はとても低いはずです。彼の姉はまず母親に電話して弟の連絡先を聞き、誰が弟の居場所を知っているか調べ、セミナーの場所を見つけ、そして会場の電話番号を調べてようやく弟に電話できたのです。

しかも、弟が姉に対して愛と感謝の状態になったまさにそのタイミングで電話してきたというシンクロニシティに、セミナー会場にいた私たち全員が驚愕《きょうがく》したのでした。

彼がディマティーニ・メソッドを使って、姉に対して感謝できることをどんどん見つけている間、彼女は離れたところでそれを感じ「弟に連絡して感謝を伝えたい」と思い始めたのだと、彼は後に姉から知らされました。２人はつながったのです。これは私たちが真の感謝の気持ちで、感謝の魔法を適用したときに起こる、意識の領域が場所を超えて広がるという一例です。

このように、私たちはどれほど離れていようと、相手に影響を与えることができます。率直な真の感謝の状態にいるとき、私たちの能力に限界はありません。もしあなたがこのような体験をしたことがないのであれば、少なくとも一度は体験してみる価値は大いにあります。とにかく驚きの体験ではありますが、私の「ブレイクスルー・エクスペリエンス・セミナー」では毎週のように起こっていることなのです。

人々が「奇跡」と呼ぶことは、感謝の力によって自然の法則が作用しているだけのことです。この法則を理解している人が適用すると、この法則を知らない人にはそれが奇跡のように見えるのです。感謝の魔法は、私たちの意識を覚醒させその影響と認識の領域を拡大させてくれます。心を開くギフトなのです。

思い込みの力

感謝の魔法によって自分の天才性を目覚めさせる代わりに、**多くの人は愚かにも自らに**

制限をかけるようなウソ（思い込み）を信じてしまう傾向があります。「自分にはこれだけしかできない、そんなに速く本を読めない、そんなに憶えられない、そんなにたくさんできない」。全くそれは誤った考えであるにも関わらずです。これは、自分を過小評価した見解です。

私自身、同じような経験があります。私が7歳、小学校1年のときです。担任の先生が両親に私には読み書きや学習する能力が劣っていると言ったことから始まりました。私は先生が正しいと思いました。当時それ以外の見方があるとは知らなかったからです。私はたったの7歳ですし、先生は専門的なことを知っているはずの職に務めていたのですから。

その日以来、私は「賢くない」「学問の分野では将来性がない」子供とレッテルを貼られたのです。学習能力に劣るので、スポーツに打ち込むのが賢明だと言われました。しかしそれから10年後、粘り強く一生懸命やれば、私にも実際に本を読んだり学習することができることに気づきます。初めて1冊の本を最初から最後まで読むことができたときは、私は感謝の気持ちでいっぱいになり涙が出ました。

私がもうすぐ18歳になる頃です。ある日の午後、ハワイのハレイワにある「VimandVigor」という小さな健康食品店で『Chico's Organic Gardening and You』というタイトルの小さな黄緑色の本に目がとまりました。
　表紙にはチコという名前の農夫が大きなトマトと熊手を持った写真が載っていました。その表紙の写真の若い男は髪の毛が長く、髭《ひげ》を生やしていて、この本の著者でした。この男の写真を見て私は「なんだ、俺みたいじゃないか。こんな奴がこの本を書いたんなら、俺が読めないわけがない」と思いました。

　自分に外見が似たヒッピーが書いた本――これが私の1冊目の本でした。価格は2ドル75セントでした。本を読むことが当たり前の人にとって、ほとんど写真ばかりのこの本を読んだからと言ってたいした意味はなかったでしょう。でも私にとってはすごいことだったのです。この本を読み終わった後（実際は畑の写真を全部見て、短い文章で書かれた見出しを読んだだけでしたが）、私の目には感謝の涙が溢れていました。私の人生で最も心震わせた瞬間の1つです。

10年間、自分が本を読めると思ったことがなかったのに、読めるのだと発見したのです。10年間信じていたことは真実ではなかった。この本によって私は非常に勇気づけられ、学習を始めることになります。

自分にはできないと10年間信じていたのに、それをできると知ることは、人生を一変し得るものです。その一瞬で、新たなレベルの自信を身につけるのですから。

ポジティブ思考は不完全

読み方を学び始めてからまもなく、私は両親から特別な本のコレクションを紹介してもらいました。ノーマン・ビンセント・ピールがポジティブ思考について書いた本のセットでした。

これらの本を読んでからというもの、私はいつもプラスに考えることを心がけました。**おそらく英語で書かれたポジティブ思考に関する本は1冊残らずすべて読んだと思います。また、10以上のポジティブ思考をテーマにしたセミナーや集会にも参加しました。**

でも、そうしてポジティブ思考を学んでいる間ずっと、私の内なる声が「でもあなたはいつも必ずポジティブなわけじゃない」とささやいていました。でも、私は自分のネガティブな面を認めたくはなかったのです。私はポジティブな仮面を被って、その逆のネガティブな面を隠そうとしました。ポジティブであるべきなのだと教わってから、私は他人に自分のネガティブな面を知られたくなかったのです。

それでどうなったのかというと、どうやっても私の人生に自分のネガティブな面が常に現れ続けたのです。

気分がすぐれないときや機嫌が悪いとき、私はみんなから離れて独りになりたいと思いました。孤立することで自分のネガティブな面は自分と、そうです、よりによって自分が最も愛する人たちだけに見せることになったのです。そして、私は次のことに気づきました。**公の場でポジティブな面だけを見せようとすればするほど、プライベートでネガティブな自分になってしまうのです。**

私にとってそれほど重要でない人々にはポジティブな面を見せて、親しい愛する人たちに対しては、ネガティブな自分で接していたのです。明らかに、これでうまくいくはずがありません。自分が偏ったことをすればするほど、自分が嫌になり、親しい人を傷つけてしまうのです。

何が悪いんだろう?どうして常にポジティブでいられないのだろう?ポジティブだけに偏った状態だと、感謝の気持ちも擬似的に思えてならないのです。それと同時に別の側にいるときも、擬似的な感謝を感じてしまうのです。片方だけにいようとしてもできないため、自分を責めていました。

この間ずっと私の直感は「何かが欠けている。これが正しいはずがない。人間としてあろうとするのに、こんなに葛藤《かっとう》する必要はないはずだ。なぜ自分の人生の半分を切り捨てようとするのか？」と語りかけるのです。

そして、おそらくその答えを誰か既に見つけているのかもしれないと思い、自己啓発の第一人者やポジティブ思考のグル（権威者）を訪れました。彼らのセミナーに参加して直接話をして、彼らの誰もがポジティブとネガティブの両方を持ち合わせていることを知ったのです。

誰一人としていつもポジティブでいる人はいなかったのです。そして実際に彼らが非常にネガティブな瞬間を目撃しました。このとき私は解放感を感じたものです。

観察するだけでは確信が持てないため、私は実験をして確かめることにしました。それから2年間、毎日1日4回、スピリチュアル、メンタル、仕事、お金／経済、家族、社交／人間関係、身体／健康の7つの領域における自分の心の状態がプラスにあるかマイナスな状態にあるか記録しました。

マイナス3からプラス3までの評価にわけた結果明らかになったことは、最終的にプラス、マイナスが完全にバランスしていたということです。51対49という差ではなく、完全に50対50の結果となったのでした。

そのとき「**自分は、どんなに本を読みセミナーに参加し、CDを聴いて学習しても、成功哲学が言っているようにいつもポジティブだけでいることはできない。これだけやった自分ができないのだから、それを聴いた受講生だってできっこない。それに、自分ができもしないことを、どうして他人に教えることなどできようか。そもそもポジティブ思考は不完全な概念なのでは？きっとこれは間違いだ**」という結論に至りました。私は、みなの前でウソなどつきたくありませんでした。

人生で最も解放感を感じた瞬間

実際には、自己実験するずっと前、頭で理解するより前に、私の直観はこの真実を知っていました。自分の性質には両側の面があり、片面だけを求めても不完全なものであり無駄であると伝えようとしていました。そして、私はとうとうこれまでとは異なった目で見て、自分の両方の面を受け入れることにしました。

それは、自分の人生で最も解放感を感じた瞬間の1つでした。ただし、自分のこの新しい究極の気づきが、他の人にどのように受け取られるのか怖い気がしました。私たちが常にポジティブにいるようにはなっていないのだと言ったら、同僚たちが私のことをどう思うのか心配だったのです。**実際にある講演で、私は片方に偏った考え、つまり悲観のない幸せ、失敗なしの成功、意地悪なしの親切といったことを教えるつもりはありませんと言ったとき、75人が立ち上がって会場から出て行きました。**

私は彼らが立ち上がって出て行き始めたときのことを今も憶えています。それは私の人生の中でも決して楽な瞬間ではありませんでした。でも、私にはそれはどうすることもできないことでした。私にできることは心から正直な気持ちを伝えることだけでした。「出て行きたいというなら仕方ありません。でも私は自分が信じることができない話をもうこれ以上することはできないのです」

会場に残った人たちは、私が発見した新しい真実に聞き入ってくれました。こうして私は新しい聴衆を獲得しました。その日は私にとって少し怖い思いをした1日でしたが、一旦乗り越えてしまったらもう過去のことです。これが真実だとわかっていたので、やらなくてはならなかったのです。

この日以来、今回自分が行った分析の結果と個人的にブレイクスルーした経験、そして何年にも渡ってのクライアントの調査と何千もの実例をもって、私はこれまで以上に多くの人たちに感謝の魔法を伝えることになります。こうしてすばらしい完全性とともにバランスの真実を受け入れたとき、感謝の魔法が働くのです。

ポジティブ思考はウツになる！

ほぼどんな研究分野、教育分野においても、両極がバランスを保つことが教えられています。例外は心理学、社会学、神学の３つです。その３つは、人間が片方の面だけになれるなどという幻想が教えられています。あといくつかの教育分野でも偏向した幻想があるようです。

しかし、一方だけに偏って存在することは、物理学など多くの教育分野ではあり得ません。すべての物質の構成要素である原子は、必ずプラスとマイナスの電荷で成り立っているからです。地質学では、地球自体も正極と負極を持つとなっています。この宇宙には、人間の意識が作る幻想を除いて、片方だけ存在できるものは無いのです。

この幻想は心理学、社会学、神学で教えられ浸透していますが、もうそろそろ自然界万物の法則と合致するよう考えを改めるときではないかと思います。

この世には戦争と平和、競争と協力、対立と支援、敵と味方など両方の面があるのがわかります。あなたは片方だけで存在しているものを見たことがありますか?もし欠点が全く無かったとしたら、これまで自分が築いたものはあり得たでしょうか?感謝の魔法の鍵は、ありのままの自分である両方の側面をありのまま受け入れることです。両方の側面を持ったありのままのあなたで愛される存在なのです。

すべてがバランスを保つと教えている文化的、宗教的な哲学は道教や仏教など数多く存在します。私の場合は、最初に不完全な哲学の教えを学びそれを信じましたが、後になって考えを改める機会を得ました。そうすることは最初は怖かったのですが、私は実行しました。私は自分がしたことにとても感謝しています。なぜなら、これが私にとって大きなブレイクスルーとなったからです。

人生でポジティブだけを追い求めようとすることが、悪夢とうつになる原因であることに気づきました。非現実的な期待をしてしまうことがマイナス思考を生むのです。仏教では、得られないものを欲するのが人の苦悩の根源だと説きます。

アルバート・アインシュタインは、宗教の理想主義が人間の苦悩の根源だと言いました。両方の理論とも、バランスや他の偉大な法則を知る者として賢明であるといえます。この深い気づきから、私は最終的にすべての完全性と共時性を持ったバランスについて教える決断をしました。

思えば、私のおかれた境遇と直観は、私がこのことに気づくために導いてくれたのだと思います。人はおごり高まると諌《いさ》められ、落ち込んでいると励まされるものではないでしょうか？

これは直観が、私たちに魂の完全性とバランスされていることを教えようとしているのだと思うのです。そして、そのことに気づいたとき、私たちは本質的な落ち着きと感謝を感じるのです。

この宇宙には、それを統制する法則が存在し、このことが偉大な知性を持つ存在を示していると信じられています。この壮大な原理は、人生に感謝することで私たちが進歩し成長するよう導いているのかもしれません。だからこそこの壮大な宇宙の法則に耳を傾け学ぼうではありませんか。そして、多くの人たちとそのことを分かち合いましょう。感謝の魔法があることを！

地獄の正体

世界は既に最高にすばらしいものです。それは雄大で秩序あるシステムです。**私たち**

は、こうあるべきだという幻想を抱いてしまいがちですが、その幻想は現実にならないために悩みます。これを地獄と呼ぶのです。地獄とは満たされない自分の非現実的な期待によって自分たちが作り上げたものだと私は考えます。不満を持つとき、私たちは神学者が言うところの地獄を体験しています。そして感謝しているときは心の内に天国を持つのです。ヨハネ・パウロ2世は「天国とは何か？」と問われ、「感謝」だと答えました。

多くの人が片面だけの思い込みや幻想の中毒になり、これが内的な麻薬の源となります。中毒になると、これらの妄想が現実化しないと、必然的に起こる禁断症状を体験します。重度のドラッグ依存症になる文化があるのはこのためです。

彼らは痛みなしの快感、悲しみなしの幸せ、卑劣のない親切などを求めてます。さらに、こうでない自分は何かがおかしいと、型にはまった条件的なものを持った考えをするようになります。

でも今言っておきますが、あなたにおかしなところは何もないのです。あなたという存在は、両極が完全にバランスしたそのままのあなたで完璧なのです。ですから、ありのままの自分を受け入れて妄想への中毒を止め、感謝の魔法の達人になってください。

バランス感覚を持った3番目の状態

人には少なくとも3つの状態があります。自分を卑下し、責め、過小評価して、自己軽視している状態。それに対して、自分に誇りを持ち、自分をおだて上げ、自分は他人よりも優れていると考える状態。それからバランス感覚を持って他人は自分を映す鏡だと思う状態。自分を他人と比べて上だとも下だとも思わないのです。

私はこの3番目の状態が好きです。私たちは、恥ずかしかったり自分に価値がないと感じても、一方でうぬぼれたり自慢していることがあります。次の話を例にわかりやすく説明してみましょう。

つい最近、ある女性が10代の息子を連れて私のところに相談に来ました。息子は学校の成績に問題があり、ニキビだらけの顔のせいで恥ずかしがり屋で、言うなれば自尊心が低い状態で、その結果いつも自分を責めてばかりいるということでした。

一番初めに私が彼に聞いた質問は「他の子たちよりも、自分のほうがましで、優れていて頭がいいと思うことってどこ?」でした。

彼は最初は戸惑っていましたが、母親の顔を見て答えました。「スケートボード。僕は他の子ができないようなことができるんだ」

つまり、彼はすべてのことに自信のない子供ではなかったわけです。彼にとって重要な分野であるスケートボードでは、彼は自信満々で自分が一番だとわかっていました。でも彼にとって重要でない学校に関しては消極的だったのです。母親や周りの人たちは、自分たちの価値観に照らして学校の成績のほうが重要だと彼に言っていました。しかし、彼はそう思わなかったのです。

私「学校は退屈かい？君が学校でいい成績を修めていないのはそのせい？」
子供「うん、学校ではいつも注意ばっかされてる」
私「スケートボード専門の学校に行ってたとしたら、君はトップの生徒になってると思う？」
子供「もちろん！」
私「そうか、でも残念ながらそんな学校があるとは聞いたことないんだ。ところで、今の学校がスケートボードで活躍するのに役立つってことを知らないから、学校が退屈で全力を注ごうと思わないんだろうね」

子供「役に立つなんて思えないよ。つまんないことばっかだもん」

私は学校が彼の大好きなスケートボードにどう役立つのかリンクさせる手助けをしました。それによって彼の学校の見方が変わり、結果的に彼の学校に対する自尊心が変わりました。

私たちは自分にとって本当に大事なことについては自信を持ちますが、自分がどうでもいいと思っていることに対しては、自信はほんの少し、または全くないかのどちらかです。これは誰にでも言えることです。片方はあなたに自信を与え、もう片方はあなたを謙虚にさせて学ばせているのです。

ここでのポイントは、仕事や人生を自分の自信のある分野か高い価値観を持つ分野へ向けることです。そうすればやる気が出ます。そうしないと、自分の価値観と合致しないことをしてしまい、自尊心を低く感じることでしょう。

自分を捨てずに価値観を変える方法

最も大切にしている価値観の分野では、私たちは自信を持っているはずです。それについてあなたは確信を持っているはずです。**もし自信がないとしたら、それはあなたが他人の価値観に合わせようとしているか、重要でない価値観の分野で自信を持とうとしているかのどちらかです。**

最近たまたまニューヨークのジャービスセンターで開かれた大規模なコンピュータカンファレンスに参加しました。コンピュータ・テクノロジーは私があまり知識を持たない分野の1つです。原稿をタイピングする方法はわかりますが、その程度です。ですからそこにいて自分が本当に役立たずな人間のように感じました。

私よりもずっと進んでいる、頭のいい専門家たちが精巧な最新機器のデモを見せていました。まるで、私は暗黒時代の人間であるかのように感じました。そこにいた2人の人に話しかけられたとき、私は自分らしくもなく口数少ない、内気な人のようでした。私が頭が悪いと思われたのは相手の表情から一目瞭然でした。

でも本当のところは、私は自分の専門分野では秀でているのですが、彼らの分野では弱腰で謙虚だというだけのこと。コンピュータは自分にとって重要でなかったので、自信がないだけなのです。コンピュータの専門家たちと一緒にいると私は自信がなさそうで臆病、不器用で居心地悪そうに見えるのです。

しかし、実はそれも目的に適ったものであるといえます。なぜなら、だからこそ私は他人の話に耳をかたむけることを学ぶことができるのですから。謙虚な気持ちで他の人たちに感謝し、彼らから学ぶことができるのです。自信があることもないことも両方なんらかの目的を果たします。**自分を愛するために自分の一部を切り捨てる必要はありません。すべてが自分のためになり、捨てる部分などないのです。**

特にすばらしいのは、自分の現在の価値観にしがみつく必要もないことです。変えたいのであれば、変えられる方法があります。コンピュータと学校の宿題はあなたの価値の優先順位のかなり下位にあり、優先順位の上位はスケートボードとスポーツであるとしましょう。

ポイントは、優先順位が下位の価値観を上位のものにリンクさせるということです。そこで価値観の優先順位の低いことを行うことが、いかに上位の価値観で自分が秀でるために役立つか考えることです。もしそれらの間に関連性が見つけられない場合、うまくやるのはまず無理でしょう。なぜなら、人は自分が興味を持っていない分野で功績をあげることはできないからです。

でもやりたくないことと自分の一番重要な目標の間に関連性を見ることができた瞬間、あなたのやりたくないことに対する態度は一変し、やる気が出てくるでしょう。

価値観の優先順位を変える、低位の価値観を上位に上げるには、低位のものを行うメリットを列挙して、それらが自分の人生の目標達成にどう役立つか書き出すことです。ここで言う「利点を列挙する」とは、メリットを5個や10個あげることではありません。何百個もあげることを意味します。

そうすることで初めて「まぁ、なんと。これをすることで目標を達成できるじゃないか」と電球にパッと灯りがともった思いを感じるでしょう。そして、この分野における自負が確立されること請け合いです。きっとこのことに感謝することでしょう。

自分の持つ天才性

自己意識を持つことはなんとすばらしいことか！意識は人生の神秘について思い巡らせたり、毎日の行動の優先順位を整えたり、将来に備えて情報を記憶し、新しいスキルを学ぶ助けとなり、基準を設けたり、人間関係を築き、自分の意見を持つ助けとなります。
さらに考えを改め、意見を修正する選択も与えてくれます。意識は、自分のプライベートな世界であり、秘密にしておきたいことは他人は決して伺い知ることはできません。しかし、意識はその働きと解釈の仕組みを理解し、そのコントロールの方法次第では、友人にもなれば敵にもなり得ます。
私たちの多くは、意識の多様性や驚くべき力、そして意識から生まれる豊かな天質を当然のように思っています。感謝の魔法は、あなたが今持っている思い込みによる制限を超えて、あなたの意識を成長させ拡大してくれます。

私は感謝の涙が出る体験をするたびそれを記録しています。私の意識が最も優先順位の高い価値観である人生の目的と合致する瞬間は特別なことだからです。感謝の涙は身体が意識に伝える「私は道を外れず、自分がやるべきことをやっているよ」というメッセージです。

直観は、私たちがやる気を持てることに導いてくれます。自分がうぬぼれることがあると「自分を何様だと思ってるんだ?」とささやき、自分を過小評価してしまっていると「自分はもっとできるはずだ」と言います。直観が働くとき、冷静になってバランスを保つように導いてくれます。そしてさらに重要なことは、本来の自分を取り戻させ、心からの感謝を思い出させてくれるのです。

このとき、私たちの意識は触発され、私たちは自分の持つ天才性に驚かされるようなことを経験します。これが感謝の魔法なのです。

第3章まとめ

・真の感謝の状態にいるとき「天才性」が目覚める
・「感情的な負荷」を取り除くことでスランプは抜けられる
・奇跡とは、感謝の力によって
「自然の法則」が作用しているだけのこと
・多くの人は「自らに制限をかけるようなウソ（思い込み）」を
信じてしまう傾向にある
・誰もが「ポジティブ」と「ネガティブ」の両方を持ち合わせている
・誰一人としていつもポジティブでいる人はいない
・人生はプラスとマイナスが完全に「50対50」のバランスになる
・ポジティブだけを追い求めることが「悪夢」と「うつ」になる原因

第4章

好きなことを仕事にし、今の仕事を好きになる

経営のフラストレーションを大幅に減らす方法

あなたが自分の会社をお持ちなら、会社のことでフラストレーションを大幅に減らす秘訣を紹介します。

働き者の社員が会社に1人いると、あまり働かない社員が少なくとも1人以上はいるものです。また、無遠慮なくらい積極的に発言する人が1人いるかと思うと、自分が本当に言いたいことを心の奥に隠している人が数人、または大勢いるものです。

つまり、組織には必ず正反対の人がいるということです。この宇宙の原理原則を理解すれば、会社組織の人間関係をよりスムーズにより良好にすることができます。会社の中の1人をひいきにしていると、その正反対の人物に対して怒りを覚えるものです。このとき、この両者を平等に待遇することが大切です。なぜなら、彼ら2人は組織内にバランスを構成しているのですから。そこで、この正反対のペアの存在を認め2人に心から感謝したとき、組織のレベルは1つ上の段階に飛躍します。

バランスを保つために、組織には両極端の存在が必要なことを理解して、そのことに感謝すれば会社は成長します。このときの感謝の魔法は、その当人たちだけではなく、組織に働くすべての正反対のペアに波及するからです。

ビジネスにおけるコミュニケーション

同僚や顧客を十分に思いやり彼らの価値観を尊重して会話すれば、効果的なコミュニケーションが生まれ、適切な意見交換ができ、相手は間違いなくこちらに感謝してくれます。これは、ビジネスを発展させる重要なポイントの1つです。

たとえば、あなたが世界中の人とシェアしたい製品やサービスなどのアイデアがひらめいたとします。次にやることは、それを必要としている人を探すことです。それから今度は、自分が提供するものと彼らのニーズを満たす方法とのリンクを考えます。これが上手にできれば、彼らは欲しいものを手に入れることができ、あなたもあなたの得たいものを手に入れることができるのです。これは公正な取引です。

しかし、**あなたが無理矢理彼らに必要なものはこれだと決めつけただけで、実際にはそれは必要とされていない、または彼らが求めているものを、あなたが提供していないとすれば、コミュニケーションは成り立ちません。**この場合、ビジネスは停滞するか、または破綻《はたん》に向かい始めます。

自分の仕事を評価しないなら、昇進するのは容易ではないでしょう。本人が、自分が提供する製品、サービス、アイデアを評価しないのに、他の人が購入したいと思うはずありません。それからともに働く人を評価しないのに、仕事の時間が楽しいものになることはないでしょう。

また、社員が働く会社の目標やビジョンを評価しないで、会社が大きく成長することもありません。私は win-win の話をしているのではありません。感謝の魔法が働くシナリオについて話しています。

ウォール・ストリートの株式投資家として成功したピーター・リンチ氏は、その経歴から見ても世界で最も偉大なストックピッカーの1人です。彼は投資先の企業を選ぶ際に、その企業で働く社員が仕事や顧客、そして自社製品を評価していることを指標としていました。

社員が自社を評価せず、仕事に対して情熱を持たない企業に投資するのは危険だということです。これは、投資先企業を分析する上で最も重要なことの1つです。社員が感謝に満ちて働いている企業ならば、株式市場でその企業の株価は高値をつけることでしょう。

どんな製品も特定のエネルギーを持っています。その製品が愛と感謝をもって製造されていない場合、それとなくわかってしまうものです。

たとえばレストランのシェフが、自分の作る料理に感謝の思いがないと想像してみてください。彼は実は料理を作るよりも建築家になりたいと思っているとします。調理をしているときも、いつか学校に通って建築の勉強をすることを夢見ている状態です。まさに心ここにあらずです。そのシェフの料理を食べれば、彼が料理に情熱を持っていないことがなんとなくお客に伝わるものです。それは料理がエネルギーを持っているからです。シェフがわくわくして料理を作っているなら、その料理は傑作となり、お客はシェフの愛のエネルギーを感じながら味わうことでしょう。

ビジョンを取り戻す

感謝のバイブレーション（波動）は企業トップから新入社員にいたるまで社内に浸透し、その浸透度合いが業績に影響します。感謝は企業が生き残る秘訣となります。感謝がない企業は、魂のない企業であり、そのうち衰退していくか破綻するでしょう。

以前、大手の木材・製紙会社の社長にコンサルティングする機会がありました。彼は仕事への情熱を失っており、彼の望みは数年後に引退することだけでした。仕事への感謝の気持ちはもうなく、インスピレーションもどこかでなくしてしまったようです。私が彼に会ったときの彼の唯一の目標は、十分な収入を得た上で引退することでした。
国外のライバル企業が次第に勢力を増してきており、北米やアジア市場で勝ち残ることは無理だと感じていました。最初の頃は状況に圧倒されるだけでしたが、彼は次第に自分を評価しない市場への怒りを感じ始めるようになります。そして徐々に彼はスタッフに感謝するどころか、彼らを単なるコスト要因とみなすようになったのでした。

私にコンサルティングの依頼をしてきたのは従業員たちでした。彼らは、社長が会社の成功の障害になっていると感じていました。社長は会社のオーナーでもあり辞めさせることはできません。でも、会社の経営が元どおりになって欲しいと望んでいたのです。従業員たちは「社長にビジョンを再認識させて欲しい」と私に頼みました。
そこで、私は社長に1日がかりのコンサルティングを実施したのです。私は彼に「ライバル企業が市場を乗っ取ろうとしているからといって、新しい戦略を講じて、市場に巻き返しをはかることができないわけではありません。そこで、あなたがこの業界で働き始めた理由を思い出してみましょう。その理由は何でしたか？何があなたをこの業界に投じさせたのですか？」

私はディマティーニ・メソッドを使って、彼が会社経営について過去と現在までに抱いた感情的な重荷を取り除くことに成功しました。彼はそれによってブレイクスルーを経験し、また以前のように仕事をする理由と使命を明確に悟ったのです。

彼は子供時代、両親があまりお金を持っていなかったことを思い出しました。彼の家庭にとって紙は特別なもので、めったに手に入るものではなかったのです。ある日、**両親が大量の紙を買ってきてくれたので、彼は初めて自由に絵を描くことができました。それは彼にとって非常に特別な1日でした。彼はとても感激して、将来大人になったら世界中の誰もが十分な紙を持てるようにしようと決意したのです。**

子供の頃の使命を再発見したこの60歳の男性は、取り乱して泣きだしました。子供の頃の経験が彼の人生に深く影響していたことを思い出したからです。彼は、絵を描くための十分な紙が欲しいという子供の頃の夢と再びつながりました。彼がなぜ紙を販売するのか？その目的と再びつながったのです。

私は彼に「業績の低迷という一時的な幻想のために、子供の頃の使命を諦めるのですか？子供の頃に世界中に紙を行き渡らせようと夢見た人以上に、紙の販売に優れた人などいるでしょうか？どんなことがあろうと、あなたの使命の邪魔をさせてはいけません」

彼は涙をぬぐい、咳払《せき》いをして言いました。「あなたの言うとおりです。私は、ある年齢に達したら引退するべきだとばかり考えていました。私の中でネジが緩みかけていたのです。でも、それは私が本当にやりたいことではありません。本当の夢ではないのです」

私は彼に言いました。「本当の自分に戻りましょう。あなたの子供の頃の話を人々に語ってはどうですか？その話を使って新しいキャンペーンを始めてはどうですか？そして、この国に根ざしたブランドイメージの製品を作って、それを買うことで自国を誇りに思えるようにするのです」

私たちはそのプランのすべてを実行しました。すると数カ月の内に、会社の業績は好転しました。彼はビジョンを取り戻し、再び自分の仕事に感謝し、やる気を取り戻したのです。感謝の魔法が彼の会社に再び活力を与えたのです。おそらくこれで彼の寿命も5年か10年は伸びたのではないかと思います。

10分で嫌いな仕事を好きになれる方法

ビジネスの世界で感謝の魔法が発揮されるのは、仕事、ビジョン、ともに働く同僚スタッフ、お客様、そして朝起きたときに今日も好きな仕事ができるという機会をいただいていることに対する感謝を通してです。

私は毎朝そう感じています。毎日、朝起きると、リサーチをし、文章を書き、移動し、講演します。この4つは私の最も好きなことであり、私はそれができることに心から感謝しています。自分の仕事に感謝していない人は、自己成長を阻害しているといっていいでしょう。

もし感謝していない人がいるとしたら、その人が仕事に関する適切な質問を自分自身に問いかけていないだけか、または自分の夢の実現に向けた行動を取っていないかのどちらかでしょう。私は「夢が叶ったら感謝しよう」という話をしているのではありません。夢に通じるすべてのステップに感謝しようということです。

もし今就いてる仕事が自分の目標の達成に役立つとか自分が最も重要に思っている価値観に合致していると見なせないのなら、仕事に感謝することなんてできるものではありま

せん。

この場合、報酬の金額とか仕事外のモチベーションやインセンティブ、休憩時間の長さや長い休暇を会社に求めるようになるでしょう。

そうなると、会社により多くの経費が掛かってしまいます。会社にとって、会社の使命を従業員に伝えること、その使命は従業員の価値観に合致していて彼らの目標を達成するために役立つと教えることが重要です。こうすることで、会社は従業員に感謝し、従業員も会社で働けることに感謝します。

自分が高い関心を持つ分野の新しい情報は誰もが知りたいと思うものです。なぜなら、それが人間の本質だからです。しかし、好きでもないことをしなければならないとか、勉強したくないことを勉強しなければならない場合、誰でもやる気をなくしてしまいます。

そこで、やる気をなくしてしまうことがないようにするには、適切な質問をすることです。たとえば「今の仕事は自分の使命を果たすのにどのように役立つだろうか?」「私の好きなことは何だろう?」「どうすれば今の仕事でもっと多くのお金を稼げるだろう?」「今日から始められることで、自分の目標を達成するための7つの行動は何だろう?」

でも、質問のために立ち止まってはいけません。最初の一歩を踏み出しましょう。そうすれば、思いがけなく自分の好きな仕事をするようになるでしょう。仕事が余暇をとるのと同じように感じられるようになったとき、あなたは人生をマスターし始めたことになります。

私の場合、余暇に何をしているか尋ねられると、リサーチをして文章を書き、移動して講演していますと答えます。驚きましたか。つまり私は仕事でも余暇でも同じことをしているのです。これが私の生活ですので、別のことをするために余暇をとる必要はありません。

私は生産性の向上、モチベーションアップ、会社への忠誠心を高めるためのディマティーニ・フォームを作成し、企業向けのコンサルティングで常に使用しています。このフォームは会社の従業員に答えてもらう一連の体系立った質問のリストです。

まず従業員に職務内容を書いてもらい、さらにその仕事についてかなり詳細に説明してもらいます。また、彼らが人生で最も意義を感じること、価値観をリストアップしてもらいます。その上で、今の仕事と自分の価値観と人生の目標とのリンクづけをしてもらうのです。関連性が見えないと仕事に充実感を感じることはないので、その関連性がわかるまで、しかも、それらが心から関連していると納得するまで、20回から30回も異なる質問をし、それに答えてもらいます。

この質問にすべて答えると従業員は突然自分の仕事に感謝するようになります。そうなると、彼らの生産性、モチベーション、自分の会社に対する忠誠心、そしてインスピレーションがすべて上昇します。結果として、彼らは自分の仕事からより多くのものを得ることができ、そして会社も従業員からさらに多くの利益を受けます。

たとえあなたが現時点で将来何をしたいのかわからなくても、このエクササイズはやってみる価値があります。自分の好きなことがわからない、将来の計画がない、好きなことをする勇気がないからといって、今の仕事を尊重しないなんてばかげていますからね。

漠然としていることを明確にするというだけでもこのエクササイズをする効果があります。このエクササイズをすることで、もっと活力とエネルギーに溢れた人生を送ることができるようになります。そうでないと、いつも自分と葛藤することになってしまうかもしれません。また、会社の足を引っ張ってしまうかもしれません。さらに言うと、それは自分の人生の発展を妨げ、健康にも良くないかもしれません。問題なのは仕事の内容ではなく、その捉え方なのです。

ですから、**今の仕事の嫌な点をすべて打ち消すくらいの利点があることがわかり、その仕事が自分の人生の目的を満たすことにどう役立つかわかったとたん、あなたは感謝し、**

その仕事を好きになるでしょう。

たとえ、将来的に別の仕事をすることになってもかまいません。計画を立て、それに向かいながらも今の仕事の機会に感謝してください。あなたが既に好きなことをしていても、またはは自分の仕事を好きになろうと努力している場合でも、感謝の魔法は抜群の効果を発揮します。次のエピソードを読めば、私の言っている意味がおわかりになるでしょう。

感謝と昇進

当時、私は16歳にも満たない年齢だったのですが、ハワイで出会ったカリフォルニアの男性から遊びに来ないかと招待されました。旅費も出してくれるということでしたので、ごく短期間でしたがカリフォルニアに行くことにしました。宿泊場所として彼の友人がガレージを提供してくれましたが、滞在費を少し稼ぐために短期の仕事をする必要がありました。

しかし、仕事を得るには16歳以上でなければなりません。そこで、私は年齢をごまかして、機械工としてバイク用のキャブレターを作る手伝いをしました。仕事は最低賃金でかなり汚れる仕事でもありました。1日中、身体はオイルとグリースにまみれていましたが、年齢が条件に満たないのに仕事ができてラッキーだと感じていました。なので毎日「採用してくれてありがとうございます。本当に感謝しています」と言っていました。

上司や周りのスタッフは、私がなぜそのように言うのか理解できませんでした。このような仕事に対して感謝する少年に会ったことがなかったからです。私は夏だけの短期就労者でした。なので夏が終わる頃、私は仕事を終えてハワイでのサーフィン生活に戻る準備をしていました。そこへ店のマネージャーが私のところへ来て次のように言いました。「ここでもう少し働く気はあるかい。昇進させてあげるよ」。でも、私にとってはサーフィンライフが私の夢であり、その生活に戻る気でいましたので、彼に感謝の気持ちを伝え丁重に留まるつもりがないことを伝えました。

私が昇進を提示されたのは、仕事に対して感謝していたからだと確信しています。1時間2ドル75セントの賃金であったにも関わらず、私は一生懸命働きましたし、仕事を失いたくないと思っていました。その上、採用してくれたことに毎日感謝していました。おそらく、私の本当の年齢を知ったとしても、職場に留めてくれたことでしょう。

自分の仕事に感謝すると、仕事が楽になり、より効率的になり、昇進の機会も増えるのです。満足のいく人生を送りたかったら、感謝の魔法はとてもシンプルな秘訣です。あなたの感謝の気持ちは、必ず他の人がそれに気づくものです。感謝の心は目には見えませんが、それが生み出す効果は現実です。

自分の人生をコントロールすること

自分の気持ちに素直に従うこと、他人に自分のやりたいことをするよう励ますことの大切さについてお話ししたいと思います。以前、私の治療院でマネージャーを採用しようとしていました。

ある日、ブリーフケースを手にした1人の男性が面接に訪れました。彼は自信とやる気に満ち溢れていました。ブリーフケースを床に置き、椅子に腰かけて、前のめりになって自信満々にこう言ったのです。「ドクター・ディマティーニ、私はこの仕事にぴったりの人間だということをお伝えしたい」

私はこう言いました。「それはすばらしい。では差支えなければいくつかお尋ねしたいのですが、もし私があなたに500万ドル（約4億円）差し上げるならば、あなたはどのような人生を送りたいですか？」

彼はこんな質問を受けるとは思ってもなかった様子でした。数秒間考えてからこう答えました。「そうですね。もし500万ドルあれば、もう働く必要がありませんから、家具を作りたいですね。手作りの家具を作ることが好きなんです」

そこで私はこう言いました。「ありがとうございました。質問は以上です」。私は立ち上がって彼と握手をしました。彼は困惑しているようでした。

男性「面接は終わりですか?もう結果が出たのですか?」

私「そのとおりです。あなたはこの仕事に向いていません」

男性「ちょっと待ってください。私はきっとあなたのお役に立てると思います。きっとマネージャーとしてうまく…そもそもたった1つの質問をしただけで、どうして採用するかどうか決めることができるのですか?」

私「簡単なことです。あなたがすばらしいマネージャーだとしたら、どうして自分の好きなことができるようにご自分の人生を管理できないのでしょう?家具作りがお好きなら、なぜそれを自分の仕事にしないのですか?自分の人生の管理もできない人に、私のクリニックを管理してもらおうと思えるでしょうか?」

彼は少しの間じっと私を見つめてこう言いました。「いやぁ、なんと的確な質問なんでしょう。全くそのとおりですな。確かに、私はこの仕事の適任者ではないことが自分でもはっきりとわかりました」

彼は私にお礼を言って出ていきました。数週間後、私が患者の対応に追われていたとき、アシスタントが部屋に入ってきてこう言いました。「2週間前に面接にいらした男性がドクターと少しだけお話がしたいそうです」

彼は茶色の紙袋を持って入ってきて、あのときと同じ椅子に座ってこう言いました。

男性「ドクター・ディマティーニ、数週間前のことについてぜひお礼を言わせてください。あなたは私にこの上なくすばらしい質問をされました。あの質問が私の人生を変えたのです」

私「何があったのか教えてくださいますか?」

男性「ええ、私はあのとき、こちらでマネージャーの仕事がもらえると確信していました。しかし、私はあなたの質問に打ちのめされました。でもそのおかげで、私は自分のこれからを真剣に考えるようになりました。私は数カ月間職探しをしていたのですが、あなたのオフィスでの出来事がターニングポイントになりました。

私は自分に問いかけたのです。『自分の好きなことをしてお金を稼ぐことはできないのだろうか？どのみちもう3カ月間も無職なのだから、失うものなど何もないではないか』。そこで私は挑戦してみることにしたのです。家具の製作会社を開業して、自分の手で家具を作ることを決意したのです。私はインスピレーションを受けました。まるで新しい生活を手に入れたようです。もう何年も経験していなかったことですが、人生にわくわくして生きていることを実感しています。それにもうお客がついたんです。私の大好きな家具作りをしているだなんて自分でも信じられません。

あなたには感謝しても感謝しきれません。差支えなければ以前こちらに来たときに、オフィスの調度や装飾とティッシュの箱がマッチしていないことに気づきました。そこで、このオフィスに合った木製のティッシュケースを作ったのですが受け取ってもらえますか？自分の会社を始めることができたお礼のしるしとして受け取っていただきたいのです」

私「もちろん、喜んで頂戴《ちょうだい》しますよ。あなたがご自身の人生の管理を始められたと知って嬉《うれ》しいです」

そして、彼は全部の診察室に木製のティッシュケースを取り付けてくれました。もし私が彼をマネージャーとして採用していたら、彼はここでの仕事に感謝しなかったでしょうし、私も彼の働きに感謝することはなかったでしょう。私たちの両方が不満を感じることになったと思います。

このことから私は、自分の仕事に愛着を持っている人を採用することの大切さを学びました。そうすることが感謝の魔法をよりいっそう発揮することになるからです。

天職の見つけ方

多くの人はこう言います。

「自分が人生で何をやりたいのかわからない」

でも、そんなことってあるのでしょうか。私はそんなことは絶対にないと信じます。誰もが心の奥深くでは自分の使命や夢を自覚していると確信しているからです。それを認めないのは、そうすることに何らかの恐怖を抱いているからだと思います。

彼らは既存の信仰や道徳に反することや馬鹿にされたり、失敗したり、お金や家族を失うこと、受け入れてもらえなかったり、健康を損なうことへの恐怖のために、自分の内なる直観の声が聞こえなくなっているのだと思います。**そのことを畏《おそ》れて「やりたいことがわからない」とウソをついているのです。**

しかし、恐怖さえなければ、自分がやりたいと思うことを高々と宣言することでしょう。実は彼らはそのことを知っているし、あなたもそうです。私たちの内面では、常に魂が自分の本当にやりたいことを教えてくれているのです。ここでも感謝は、恐怖のない生活への扉をあけてくれる鍵となります。

人は感謝と恐怖を同時に経験することはできないので、感謝している間は、恐怖から逃れて将来の夢について考えることができます。私たちは目的を持つ生き物であり、私たちの使命と天職は心の扉の内側にあります。そして、感謝の魔法によって扉が開かれるのを待っているのです。

ファンタジー（幻想）を追い求めることと、自分の内なる願望によってもたらされる人生を追い求めることの違いについて知ることはとても重要です。あなたの人生は、何があなたにとって重要なことかを既に教えてくれています。そしてそれは決して間違うことはありません。これまでの人生で行ってきたことすべてが、あなたに何らかの方向を示してくれています。

よく考えてみてください。少しの間、自分の人生を分析してみてください。これまでに人生があなたに教えようとしてきたあなたの使命とは一体何でしょう？もし人生に何事も畏れることがないとしたら、あなたは何をしたいですか？何を得たいですか？

人生であなたが既に感謝しているものについて心を開いて考えてみてください。そして、次の質問を問いかけてみてください。自分は毎日どのように時間を過ごしているだろうか？時間が経つのも忘れて何時間でもできることは何か？自分が触発されること、夢中になること、大好きなこと、感謝することによく注意を払うことで、天職を発見し、あなたの心が最も魅力を感じる夢を明らかにすることができます。

この4つの感情（触発、夢中、好き、感謝）は人生の使命に沿って生きているかを知る指針です。心が開いていると、意識は揺るがず明瞭になります。心の内側からの導きがなければ、私たちは多くの選択肢を前にして絶えず優柔不断に陥り、多くのことが未決定のまま生活することになるでしょう。ポイントは、心を通じて語られる真の内なる声に耳を傾けることです。

メッセージがはっきりと聞こえたなら、ぜひともそれを紙に書きとめるようにしてください。私自身の経験から言えることは、自分が人生の望むことを詳細に書いたことはすべて実現しているということです。
私はノートに願望をかなり明確かつ具体的に書いていますが、もしそれらよりももっとわくわくする何かが見つかったら、すぐに目標を修正できるように柔軟に対応しています。それから私は人生の計画を立てるためのまとまった時間をとるようにしています。どうなりたいのか、何をしたいのか、何を得たいのかを正確に知るために集中する時間をとるようにしているのです。

私は、自分の心の声だと思うことを書きとめてはそれを毎日読んでいます。心の声を正確に把握するまでどんなに時間がかかろうと、その言葉を改善して自分のものにしていきます。それが自分をマスターすることだと思うからです。

心の欲するものを明らかにする最後のステップが、すべてをそのまま受け入れ感謝するための静かな瞑想です。これを毎日、詳細がはっきりとクリアになるまで行います。そして、その心が最も欲することが明らかになると、そのための行動をとり、感謝の魔法が働くのを見守ります。

「成功」でなく「充実」

自分の心が求めるものを発見した後に、人生に成果を実感することほど、私たちにとってわくわくするものはありません。充実感と満足感をもたらすのは、なにも9時から17時まで働く仕事だけではありません。

主婦だろうと、学生だろうと、スポーツ選手だろうと、休暇中だろうと、1日の全活動を通して何らかの成果をあげているのです（どんな形であれ、成果をあげることが満足感につながります）。

たとえば、釣りをするのが好きな人は、釣りをする日に感謝することで充実感が得られるかもしれません。ビジネスマンなら、取引がまとまったとき、主婦なら家族に夕食を作るときかもしれません。

自分なりの成果に感謝できればそれでよいのです。それができないなら充実感を得られません。感謝の魔法は私たちに使命感、達成感、満足感をもたらしてくれます。

私には、「成功」という言葉よりも「充実」とか「達成」という言葉のほうがしっくりきます。なぜかというと、成功と失敗はペアで存在するものだからです。自分が成功して

いると思ったとたんに人生は下降し、失敗だと感じたとたん上昇するものです。**充実という言葉はこの両方を包括している私の知人は皆、この両方の感覚を経験しています。人生で多くのことを達成しています。**

そもそも成功と失敗は、両方とも単に部分的な解釈でしかありません。一時的な成功の感覚はゲームの一環でしかないのです。自分が成功していると思うと、得意になって好きなことをするのを止めてしまう人がいます。代わりに気を煩わせることや優先順位の低いものに関わるようになるのです。逆に失敗だと感じると、基本に立ち返り、優先順位の高いものに着手し始めます。

本当の自分を見つけるためには、自分をセンター（真ん中）に置くために両極の錯覚を必要とします。私たちはセンターの位置にいてこそ本当の充実感を得ることができます。

それから何かを達成したいならSMARTの法則に従うとよいでしょう。SMARTとは、具体的（Specific）かつ測定可能（Measurable）で、自分の価値観と一致していて（Aligned）、現実的（Realistic）で期限が明確な（Timed）目標を持つということです。頭文字をとってSMARTとなります。

世界で最もすばらしい人物があなたを訪問するという状況を想像してみてください。あなたはこの訪問に備えて、家の片付けをしたり掃除をしたり、部屋の装飾を変えたり、前に立てていた予定を変更したりするでしょうか？そうでないならかまいません。でも多くの人は、何らかの変更をするでしょう。ここで大事なことをお伝えします。**自分のことを世界で最もすばらしい人物と考えてみて欲しいのです。他人ではなく自分です。だからこそ、その世界で最もすばらしい自分のために、しっかりと時間を割いて人生の計画を立ててみてはいかがでしょうか？**

私は全力で生きて、人間がなし得ることの限界を知りたいと思っています。個人的には、人生を終えるときに次のように言いたいのです。「とてつもなくすばらしい人生だった」と。

私は人生を精一杯生きた、日々得られるものを最大限に得た、自分が想像し得るすべてのことを達成した、人生に対して驚くほど感謝した、こう言いたいのです。もし、私がそれをできたとき、他の人に「あなたもそれができるんだよ」と思ってもらえると思うのです。そう思うと、今でも俄然《がぜん》やる気がでてくるのです。

集中し続ける方法

私が世界中で受ける質問のうち一番多いのは、「どうすれば集中し続けることができるのですか？」というものです。私は集中させてくれるものに感謝することと同じぐらい、気を散らすものに感謝することが重要だと思っています。

また、集中できないのは、**他人の価値観で生きていることがその理由だと思っています。**自分が好きなことをする日は、誰かに朝起こしてもらう必要はないですよね。自分が好きなことをやるために、誰かに集中させてくれるよう頼む必要もありません。自分がしていることが好き。自分が最も重要だと思っている価値観に沿ったことをする。そういう目標を持つと、誰でも自然に集中できるものです。

自分の価値観と合致しない目標だと、絶えず気が散るでしょう。それはおそらく、多少なりとも他人の価値観を生きようとしているからだと思います。

ベロニカという10代の女の子についてお話ししたいと思います。彼女は友達と遊ぶのが大好きな子でした。パーティーをはじめいろいろな付き合い、交流など楽しいことが大好きで、特に流行のショッピングには目がありません。彼女はブランドものを好んでいましたが、それは友達からかわいいとか素敵って褒められたいから、そしてもちろん綺麗《きれい》になりたいからでした。

彼女の父親は彼女が友達付き合いを大切にしていることやファッションセンスがあることは喜ばしいと思っていましたが、買い物に必要なお金の計算ができるための教育も彼女に受けて欲しいと思っていました。

しかし、教育は彼女の価値観ではなく父親の親としての価値観でした。彼女の価値観は友達付き合いであり、大学の授業は友達と遊ぶ機会やパーティーイベントがあるたびに、そっちのけになってしまうのでした。彼女自身、大学の授業の大切さはわかっていました。でもどうしてもパーティーに出かけてしまうのです。どうにかしなければと思いつつも、どうしても勉強に集中できないのでした。

そこで彼女の両親は、ファッションと小売業のカリキュラムを持つ別の大学を見つけ、彼女をそこに編入させたのです。彼女にとってファッションは友達の次に重要な価値観です。それもあって大学の授業は彼女の価値観と合致しているため、彼女は授業が好きになり、学べることに感謝するようになりました。

彼女は、授業の内容をどんどん覚え、学んだことを応用し、それを他の人と共有できるようになりました。そして学校に行くのが楽しくなり、以前はなかなかできなかった授業に集中することもできるようになりました。
それまで彼女が授業に集中できなかったのは、彼女の求めていることと授業の関連性が見えなかったからでした。これは、彼女が授業に興味を持てなかったということではありません。彼女は単に自分の価値観に従っていたというだけのことです。そして今、学校と彼女の価値観はしっかりとリンクできたのです。

何かに興味を持てないのは、直観が最も重要な価値観が他にあることを示唆しているのかもしれません。**もし何かに集中できないときは、自分が望む人生を歩んでいないことを直観が教えているのだということなので、そのことに感謝してください。**また、それは自分が他人の価値観に従って生きようとしていることを知る指標ともいえます。ですから、直観の声に注意深く耳を傾け適切に対応すれば、私たちはこの内なる導き手に感謝することができるでしょう。

混乱という名のギフト

私たちはときに混乱することがあります。この混乱は1つのギフトです。混乱するのは、**一度に取り組むものの数が多すぎる場合**か、**あまりよく知らないこと、自分にとって重要ではないこと、そして自分が高い価値を見出すものと関連性がないことをしている場合**です。

また、自信過剰になってうぬぼれてしまい、経験者に教えを請うべきときに、アドバイスを必要と思わない態度が原因で混乱が生まれることがあります。私は混乱するときはアドバイスを求めるようにしています。

少し前のことですが、私は全世界に展開するトレーニングプログラムのことでどうしたらいいのかわからず混乱したことがありました。私は世界各国の複数のファシリテータと講師を管理しなければなりませんでした。しかし、各国の法律や規則はそれぞれ異なるため、どのようにしてよいかわからず混乱していました。

そこで、私はグローバルトレーニングプログラムの開発のエキスパートに連絡を取りアドバイスを求めました。彼らはこの分野で30年以上の実績を持つ人たちです。彼らとミーティングをして、自分の状況について伝え、彼らのアドバイスに耳を傾け、いくつかについては彼らに権限を委譲しました。

おかげで今では、グローバルトレーニングプログラムは順調に発展しています。今回の混乱のおかげで、私が得意でない分野のエキスパートたちと知り合い、権限委譲する方法について学ぶことができたのです。権限委譲したおかげで、私は自分がやりたい得意としていることに集中することもできました。今後同じような状況に置かれたとしても、適切に対応できるでしょう。

このように混乱もフィードバックの1つなのです。重要なのは、起きた事柄ではなく、それをどう解釈するかなのです。

意思決定が迅速かつ明瞭な人は、そうでない人より多くのことを成し遂げます。迅速に行動することは、思うほど難しいことではありません。この場合の行動とは、単に計画の立案であったり、物事を深く考えることであったり、メンターに教えを請うたり、戦略を考えたりすることです。行動することで惰性を克服するメリットがあったりします。

人が行動を起こすのを阻む要因が3つあります。それらは目標が不明確なこと、目標が細分化できていない、そして自分の価値観と目標のリンクができていないの3つです。逆に言えば、それらがしっかりとできていれば、人は行動します。目標に向かって第一歩を踏み出すことができれば、感謝の魔法を体験する確率が高くなります。

第4章まとめ

・組織は「正反対の人」がいることでバランスを保っている
・「感謝のバイブレーション」が社内に浸透することで企業は生き残れる
・仕事が「自分の人生の目的」をどう満たすかを理解すると、仕事が好きになる
・人は「感謝と恐怖」を同時に経験することはできない
・4つの感情（触発・夢中・好き・感謝）に沿うことで天職が見つかる
・人生は成功していると思うと「下降」し、失敗だと感じたとたん「上昇」する
・集中し続けるには「自分が最も重要だと思っている価値観」に沿うことが必要

第5章

感謝の影響力を利用して財産を築く方法

より早く経済的な豊かさを手にするには？

自分が置かれている経済状況に感謝することがなかなかできない場合があります。しかし、真に豊かになりたければ感謝の態度を身につけなければなりません。多くの人にとって、お金が常に心配したりプレッシャーを感じたりする要因の1つになっています。自分の経済状況にいつも感謝していると心から言える人はあまりいません。

しかし、感謝すればするほど、より早く経済的な豊かさを手に入れる運を手にすることができます。**多くの人が「お金が十分にない」と口癖になっているようです。この「お金が十分にない」と思ってしまうことこそが、自己破滅的な予言になり、自分の生活をみじめなものにしてしまっているのです。**

その一方で、生まれたときからお金に全く不自由しない人生を送るお金持ちの人たちもいます。彼らはこれ以上お金を稼ぐ必要が全くないような人たちです。彼らにとってお金は簡単に手に入るものであるため、お金はそれほど意味を持ちません。なのでお金が入ってくることに感謝してもいません。

しかし、現在の自分の経済状況に感謝しない人は、それがもたらしてくれている人生の果実を味わうこともできません。私たちの人生は、感謝の量と正比例しています。人生に感謝しなければ、あるいは自分の持ちものに感謝しなければ、人生は自分にとってあまり意味のないゴミの山になり果ててしまうかもしれません。

そうならないためにも、あなたが感謝できることのリストを作ってみてください。あなたが既に持っているもの、たとえば、お金とか他の資産、他にもお金になるような何か自分が提供できるもののリストです。感謝の魔法は、すばらしい人生だけではなく、豊かさももたらしてくれます。

「富」という言葉の本当の意味

誰もが既に富を持っています。自分は持っていないと言う人は、まだそれに気づいていないだけのこと。なぜなら、その富はあなたが考えている形とは異なるものであるかもしれないからです。あなたの富は、あなたの子供かもしれないし、友人、またはビジネスかもしれません、はたまたあなたの精神性、身体、または何か他のものかもしれません。

富は、その人が大切にしている価値観を反映した形で持つことになります。あなたにとって最も価値が高いものが自分の子供であれば、子供があなたの富であり、あなたは自分の子供のためならいくらでも投資することでしょう。

そして、その見返りとして、あなたが引退して60歳、70歳、80歳になったとき、あなたの子供はきっとあなたの世話をしてくれるでしょう。あなたが子供に投じた投資は、子供にお世話してもらうという報酬になって戻ってくるのです。

もしあなたの価値観が宗教や教会にあれば、教会はあなたが年老いたときに助けてくれるでしょう。あなたの投資は必ず報われます。

身体と健康が一番の価値なら、健康で長生きするでしょうし、身体的能力や特徴を使った何か（スポーツやモデル等）であなたは恩恵を受けることでしょう。もしそれがお金なら、あなたの金銭的投資は資産を殖やすことになるでしょう。

そして、あなたが友人を大切に思うなら、あなたが1人で解決できないときに友人が手を貸してくれることでしょう。

本章でお伝えしたい重要なことは、あなたは既に富を持っている、そしてこれからも富を持つことができるということです。あなたは既に自分が持つ富に感謝できる状態にあるのです。

ただし、「お金」という形で富を持ちたいのであれば、お金の形での富が大切であると認めなければなりません。具体的には、お金をあなたの価値観の中で上位に置く必要があ

ります。そうでないと、あなたの人生にお金がやってくることはないのです。

「富」という言葉は、「お金」というよりはむしろ「望むもの」を持つといった意味になります。誰もが富を持っていて豊かなのです。ただ、その富の形が人それぞれ異なっているわけです。

そこでここからは「お金」という形で富を得る話をしましょう。

お金の価値を認め、お金をやり取りする機会に感謝する人は経済的富を築くことができるというのが私の意見です。あまりお金を持っていない人の口癖は次のようなものです。「私はあまりお金に興味がありません。私にとってお金は重要ではありません。私が何かをするのはお金のためではありません。お金を稼ぐことができればすばらしいですが、でも稼げなくても仕事があればやります」

経済的富を持つ人は、それを持つだけの理由があります。彼らはお金の管理方法をよく知っていますし、お金を使って何かすばらしいことをやりたいと考えています。彼らにとって個人的にお金持ちになることだけが目的ではないのです。

彼らは自分のためという以上の理由を持っています。彼らは、コミュニティや国のため、あるいは地球全体のために役に立ちたいというような大きなビジョンを持っているのです。彼らはお金に感謝し、お金を尊重します。彼らはお金を研究し、お金を稼ぐことにエネルギーを注ぎ込みます。自分がお金を使って何かを行うことの責任を承知しており、また好んでその責任を負います。

ビル・ゲイツが大富豪になれたのは、世界中のほとんど誰もが使うような製品を発明したからです。私はディマティーニ・メソッドを開発しましたが、このメソッドによって誰もが益を得ることができると考えています。

あなたの中にも、世界中のすべての人に役立つことのできる何かが潜んでいます。それを探してください。あなたがそれを探し出せば、大金持ちになれる可能性があるのですから。

富を築く門外不出の秘訣

私が知るかぎり、感謝することが富を築く上で最も重要な手段です。富を築くための主な原則が2つあります。1つは、自分自身に感謝すること。2つ目は、富に感謝することです。お金はそれを最も大事にする人のもとに自動的に流れるようになっているのです。

お金と人は似たところがあります。お金も人間同様、愛されたい、感謝されたいと思っているのです。あなたが相手に感謝しなければ、その人はあなたから離れていきますね。同じようにお金も感謝されなければ、感謝してくれる人のもとへと去っていくのです。

この場合の感謝とは、お金についてよく学び、お金を意識し、お金のことをマスターすることです。私はこれまでセミナーの参加者に数えきれないほど次の質問をしてきました。「お金持ちになりたい人はどれくらいいますか?」。すると会場にいる全員の手が挙がります。次に、私はこう尋ねます。「実際にお金持ちの人はどれくらいいますか?」。この質問に対しては、通常ほとんど手が挙がりません。

その理由は、彼らにとって、お金の優先順位が非常に低いからです。お金持ちになれるかどうかは、お金が自分の価値観の優先順位のどこにあるかで決まります。

豊かになるには、自分自身とお金を評価することです。自分自身を認めることを自尊心と呼び、富を尊重することを純資産と呼びます。それらは感謝の魔法によるパワフルな結果です。

まず、自分のためにお金を使う

私がアマチュアとして講演活動を始めたのは18歳のときで、プロとしての講演活動を始めたのは23歳のときです。私の小さなアパートのリビングで最初の有料セミナーを開いたとき、「愛の募金箱」と書かれた小さな箱を置いて講演料を集めました。

参加者は、15人から30人くらいでしたが、箱にお金を入れてくれた人はたったの1人か2人くらいでした。結局2時間の講演で得た報酬は5ドルでした。これは明らかに期待はずれの結果でしたので、次の講演では、箱につける表示を変えて、「愛の募金箱（最低5ドル）」と書きました。

2時間の講演で私が得た報酬は、またもや5ドルか10ドルほどでした。その次の週末には、この表示をさらに変えて、「愛の募金箱（最低20ドル）」と書くと、今度の報酬は20ドルでした。

私はついに堪忍袋の緒が切れたので、箱にこう書いたのです。「20ドル（最低料金）」。その結果どうなったと思いますか？出席したほぼすべての人が20ドルを入れたのです。

私はようやく悟りました。そして教訓を得ました。私が自分を評価せず尊重しないかぎりは、ほかの誰も私を評価し尊重してくれないのです。ぜひあなたもご自分のことを尊重してください。自分はお金を受け取るに値しないと感じるなら、お金は受け取れません。これは純然たる事実です。

あなたが自分自身のことを尊重しているかどうかを調べる方法があります。それは、あなたのお金の使い方を見ればわかります。

自分のことを尊重している場合は、まず自分のためにお金を使います。そうでない場合は、一番最後に自分のためにお金を使います。支払いの順番は価値観の優先順位と自然と一致するのです。

以前の私は、自分より先に誰かのためにお金を払っていました。そして、その頃はぎりぎりの生活を送っていました。しかし、ある日をきっかけに私はお金について大切なことを学んだのです。

これについては、私はある1人の可愛いアシスタントにお礼を言わなければなりません。彼女が私のところで働いたのはものの数週間だったのですが、彼女はある週末にラスベガスに行き、小さくて古風な教会で結婚式を挙げたのでした。そして明けた月曜日に出社してきた彼女は、会社を辞めるので給料日前に残りの給料が欲しいと私に言うのです。

私は自分が仕事に費やした時間とエネルギーと彼女のそれを比べてみました。**どう考えても、私がハードワークの見返りとしての報酬を受け取るより先に、彼女のほうが給与を受け取るのはおかしいと思いました。これがきっかけとなって、私はまず最初に自分にお金を払うことを学んだのです。このことに気づかせてくれた彼女には今でも感謝しています。**

私は、会社の銀行口座から別に用意した預金用の口座に毎月お金が自動的に振り込まれるようにシステムを作りました。引き落としを始めた当初はとてもつらかったです。月に200ドルの貯金ができるかどうかとても不安でしたが、やってみることにしました。

売上のお金は、まずそこから私の預金口座に200ドル振り込まれます。その次に残った額で税金を払い、次に生活費、そして会社の経費といった順番で支払いをしていきます。この支払いの順番は私にとっての重要度に応じたものになっています。財産を蓄えることができるようになったのはこのときからです。

「受け取る」か「与える」か

自分のことを軽んじる人は、受け取るよりも与えるほうがすばらしいことだと考え、与えることばかりを考え、利他的になりすぎる傾向があります。彼らは自分より他人を重要視し、つまり自分よりも他人のほうが価値ある人と考え、他人のために働こうとします。

一方、自分を過大評価する人は、与えるよりも受け取ることを重視し、自分のために他人をたくさん働かせる傾向があります。どちらのタイプの人も、世の中に提供できるサービスを持ち、苦痛と快楽を経験し、成功と失敗を経験します。問題は、お金のゲームに参加する場合、どちらの立場を取ったほうがよいかということです。

私の意見では、最も満足のいくのは両者の中央に位置することであり、そこなら何も得ずに与えようとしたり、何も与えずに得ようとしたりすることなく、公正な取引ができます。サービスを提供して対価を受け取る。これは公正だし明確です。

勇気を持ち、自分に正直になり、立ち上がって自分は価値ある人だと言えるようになるまでは、自分のお金を奪っていく人を人生に招き入れ続けることになります。自らに自尊心を持つまで、このような盗人たちを招き入れ続ける状態が続くのです。

でも、このことは自分にとってありがたいことでもあります。なぜなら、彼らは自分の内面に感情的な化学反応を引き起こし「私にはもっと価値がある！」と気づかせてくれるからです。この感情的な化学反応の第1段階は自分自身を尊重すること。そして第2段階は、お金はそれを尊重する場合にのみ手に入れることができることを理解することです。

お金を尊重しない人の人生に、お金が転がり込むことなどありません。

ミリオネアでは不十分！

若い人には決してミリオネア（１００万ドル長者＝円に換算して1億円長者）になることを目指して欲しくないと思っています。20年前ならおそらく１００万ドルでも十分だったかもしれませんが、現在は状況が異なります。１００万ドルはもはや財産として十分とは言えないからです。その理由を説明しましょう。

あなたが１００歳まで生きるとするなら、その頃までの資金計画を立てておくことが賢明です。消費者物価指数で考えると、過去１００年間の平均物価上昇率は年率５％でした。これは、14年か15年ごとに生活費が2倍になる計算です。

話をわかりやすくするためにあなたは現在25歳で収入が年間5万ドルと仮定します。仕事を退職しても現在と同じかそれよりも良い生活を送りたいと思うかもしれません。しかし、14年か15年後に今と同じ生活レベルを維持するには少なくとも年収10万ドル必要になるのです。それからさらに15年後になると、20万ドルの収入が必要になります。

これは今からたった30年後の話です。それからさらに15年が経つと、40万ドルの収入が必要になり、60年後に現在の生活レベルを維持するには、80万ドル必要になる計算です。あなたが現在25歳で、100歳まで生きるとしたら、これだけのお金がかかるのです。想像しづらいことですが、これは事実なのです。

以上が、少なくとも1つ桁《けた》を増やした1000万ドル長者にはなってもらいたいと私が思う理由です。**これはあなたの意思次第です。1000万ドル稼ぐのも100万ドル稼ぐのも注がれるエネルギーにたいして違いはありません。**すべてはあなたの考え方次第です。その意思を持てば、それを実行するための資産計画が促され、感謝の魔法が発揮されるでしょう。

あなたが富を持っていない理由

あなたが現在、富を持たず十分な蓄えも持たないとしたら、それは単に、そうするための大きな理由を持っていないことが原因です。言い換えるなら、理由があればあなたは富を築くための行動を起こします。

たとえば、あなたに子供がいて、子供の優先順位が一番上位にあるとします。ある日、誰かがあなたの子供を誘拐して次のように要求しました。「あなたの子供を預かった。30

日以内に10万ドルを用意しなければ、あなたの子供を殺す」。あなたには全く貯金がなく、それだけのお金を借りることはできないとします。10万ドルを30日以内に稼がなければなりません。

さて、あなたはお金を工面することができますか？それだけのお金を得る方法を見つけることができるでしょうか？

あなたはきっとできるし、お金を工面することでしょう。なぜなら、そうするだけの十分に大きな理由を突如として持ったからです。

そこで、私はあなたに問いたい。あなたが富を築いていないのは「お金を稼ぐ機会が不足しているのですか？それともお金を稼ごうという意志やビジョンを持っていないから？またはお金を稼ぐことを善しとしていないから？」。富を築くことに感謝の魔法を応用すれば、お金は増え始めます。経済的な豊かさはお金を尊重することで成し遂げられるのです。

お金と自分のことについてどれだけ真剣に考えていますか？

中西部に住むある医師にカウンセリングをしたことがあります。彼は開業して8年になりますが、今だに借金が残っていました。彼はどうしたら借金から抜け出せるのか悩んでいました。彼の妻はこうした状況に憤慨しており、うんざりしていました。そこで、夫婦そろって相談に来たのです。

私「あなたにとってお金は優先順位のどのあたりですか？」
医師「どういう意味でしょうか？」
私「あなたが一番重要に考えていることを知りたいのです。あなたの時間とエネルギーの使い方を思い出してみてください。あなたの生活スタイルからあなたの価値観を知ることができます」
医師「そうですね。私が好きなことの1つは、スピリチュアルの本を読んで勉強することです。私は神秘的な知識やヒーリングに興味がありましてね。友人たちと集まっては神秘的なことについて語り合っています」
私「すばらしい。なるほど、あなたが関心のある分野がわかりました。ところで、あなたはお金が入ったら、どうしていますか？」
医師「本を買います」
私「他には？」
医師「ヒーリングのセミナーに参加したりしますね」
私「貯金はしていますか？」

医師「いいえ」

私「つまり、あなたは貯金よりも勉強や読書に高い価値を置いているということですね。この点に異論はありませんか？」

医師「はい、異論ありません」

私「もし、あなたがお金に高い価値を置いていなければ、まずお金は貯まりません。お金はあなたのもとから本やセミナー、あるいはセミナー講師のもとに行ってしまうだけです。お金は、あなたの価値観の優先度に沿って使われます。そこで正直に答えて欲しいのですが、あなたはお金についてどう思っていますか？」

追求した結果、彼が子供の頃に「お金は重要ではない。お金など資本主義以外のなにものでもない。お金はよくないものだ。お金はスピリチュアルではない。だからお金などいらない」という考えを持ったことがわかりました。

私はお金に対しての別の見方とお金が持つメリットに彼が気づくことができるよう手助けをしました。これにはだいぶ時間がかかりました。

私「もし今よりもずっとお金を持っているとしたら、あなたは世の中にどれくらい貢献できると思いますか？」

医師「きっと今よりもずっと多くの人にサービスを提供できるでしょうね」

私「あなたは今、お金を受け取ることに躊躇しているわけですが、それはすなわち、あなたは世の中に貢献することを拒んでいるということになりませんか？」

医師「えぇまぁ、そういうことになりますかね」

私「あなたはお金の管理の仕方がわからないという理由で、治療することにあまり熱心に取り組んでいないのですか？」

医師「はい」

私「それが、あなたのクリニックが大きくなることを阻んでいる原因になっていると思いませんか？」

医師「確かにそうですね」

その日、私はお金を大事にしないことのマイナス面をたくさん並べ、彼はその日価値観を大きく変えました。彼は自分の罪を改め、お金を大事にするようになりました。その後、彼はお金に対する感謝の魔法をいかんなく発揮させています。

お金の達人になるか、奴隷になるか

この医師に対してのカウンセリングは週末だったので、私は彼に月曜日に銀行に行って預金口座を開設し、貯金を始めるように言いました。彼が彼の妻に目をやると、彼女はこう言ったのです。「これまで何年も同じことを言おうとしていたの」。彼女はずいぶん前からお金を貯めようと思っていたのですが、自分1人では無理だと感じていたのでした。

こうして彼は貯金を始めました。当初、彼が貯金することのできた額は月に80ドルだけでした。医師ならもっと貯金できるはずだとお考えでしょう。それでも、週に20ドルの貯金というのはよいスタートです。可能ならその後、3カ月ごとに貯金額の1%、できれば10%以上貯金額を増やすというふうに、少しずつ貯金を増やしていくのが賢明です。

半年後に彼と話をしたときには、既に彼の貯金にあてる金額は1カ月300ドルになっていました。来年、彼と会う予定ですが、私の提案どおりに彼が貯金していれば、彼は少なくとも1カ月1000ドルの貯金をしているようになっていることでしょう。そして、それを続けていることで、彼は確実に経済的豊かさを手に入れることでしょう。

この医師は、お金を本当に大事だと思うまで、そしてお金が自分の人生にもたらす意味に気づくまで貯金を始めることができませんでした。その間、彼は自分に対して感謝することもなかったのです。

彼は自分自身を傷つけていました。彼はお金に消極的であったため、人生に対しても積極的になれませんでした。お金を貯める人は、お金を自分のために働かせることができる人です。こういう人はお金の達人になります。

これに対し、お金を大事にせず、貯金しない人は、一生お金のために働き、お金の奴隷になるのです。これは別に難しいことではありません。

お金の達人になるか、それともお金の奴隷になるか、決めるのはあなたです。両者の運命を分けるのは、あなたがお金と自分自身をどれだけ大事に考えるかという点だけなのです。

貯金や投資の誤った恐怖

貯金や投資を早く始めれば始めるほど、より大きな資産を築く可能性が高まります。ですから、今すぐ始めてください。始めることに何のリスクもありません。

ただし、もしかすると月末の支払いのために、せっかく貯金したり投資したりしたお金を引き出さなければならないかもしれないと心配になる人もいるでしょう。そういう人にお伝えしたいことは、お金を大事にし、賢く管理して、サービスの提供に専念するなら、より多くのお金が入ってくるようになるでしょう。

貯金額が10ドルだと、あなたは資産額が10ドルの人たちと付き合うことでしょう。貯金額が1００ドルだと資産額1００ドルの人たち、貯金額と投資額が1０００ドルだと資産額が1０００ドルの人たち、1００万ドルあれば資産額が1００万ドルの人たちと付き合い、10億ドルあれば自然と10億ドルの資産を持つ人たちの輪に入ります。

10ドルの資産しか持たない人たちと付き合っていても、10ドル分のアイデア、10ドル分の機会、10ドル分の仲間しか得られません。しかし、資産額が10億ドルの人たちと付き合えば、10億ドル分のアイデア、機会、仲間が得られます。

多くの人が、貯蓄や投資について見当違いの恐怖を抱いているようです。誤った考えの1つは、貯金によって社会全体のお金の流れがせき止められ、人々はけちになり、社会が不景気になるというものです。おそらく、お金を枕の中に隠したり、箱に入れて地面に埋めたりするなら、この考えにも一理あるかもしれません。

投資物件に投資して自分の不動産事業を始め、その事業を拡大することで、新たな雇用を創出したり、新しいサービスや商品を生み出すことはすばらしいことです。そうすることで、人に喜んでもらえるようにお金を動かすことになるからです。

このようにお金がただじっと貯め込まれることはありません。お金を銀行に預けると、そのお金は再び循環し始めます。お金を投資すると、この場合もそのお金は再び動き出します。お金は生きているのです。「通貨"currency"」という語は「流れという意の"current"」に由来しています。電気と同じく、お金も流れがあります。電気が流れることでライトに灯りがともるように、お金の流れがあって、私たちの生活が成り立ちます。

可能性は目の前に広がっている

ときに私たちは、何をやってもうまくいかず、放心状態になったり、虚脱感を感じ、人生に行き詰まったと感じることがあります。そしてそんなとき、自分の意思ではなく、誰か権威のある人の言いなりになったり、自分らしくない他の誰かのようになろうとしたり、精神的に落ち込んだりしてしまいます。

でも実際は、自分たちが考える以上にまだまだやれることはあるし、それをやるだけの余力もあるのです。でも、それをやろうとしません。なぜならそのことに気づいていないからです。感謝の心を失うと、意識が曇ります。感謝の魔法は、曇った意識をクリアにして新しい機会を開き、活力を取り戻す効果をもたらします。

最近、私のブレイクスルー・エクスペリエンス・セミナーで、参加者の1人がこう言いました。「どうしたら年収5万ドル以上稼げるようになれるのか？それがどうしてもわからないのです」

私は彼に、お金を稼ぐことが彼にとって本当に高い価値があると思っているのかと尋ねました。彼は必ずしもそうではないと答えました。そこで彼に、その課題に対して何か戦略を講じるつもりなのか尋ねると、彼はどうしたらいいか全くアイデアがないと答えました。

次に、彼よりもたくさん稼いでいる人を知っているか、もし知っているなら、その人にどうやってお金を稼いでいるのかその人の戦略について尋ねたことがあるかと聞くと、恥ずかしくて聞いていないとの答えでした。

私は彼の手をとってこう言いました。「それでは会場の誰かに尋ねましょう」

私は彼を会場の真ん中に連れて行き、会場の参加者全員にもっとお金を稼ぐための方法についてアイデアがないか尋ねました。すると、参加者がそれぞれ所得層は異なりますが、それぞれの収入を増やすアイデアを提案してくれました。

相談した彼は、皆の意見を聞きながら収入を増やす可能性がたくさんあることを知り、感動して涙を流しました。彼は周りにこれだけ教えを請える環境があるにも関わらず、恥ずかしさから人にアドバイスを求めることを恐れ、学ぶ機会を自ら閉ざしていたのでした。

ときに謙虚でいることはとても大切です。謙虚でいることで、人に助けを求めることができるし、また実際に助けが得られることもあります。自分が常に正しく、何でも知っていると思うと、私たちは成長できないものなのです。

ただし、収入が5万ドルを超えてはいけないということもありません。あなたはもっと高い目標を持ちたいと思うでしょう。どうぞ、100万ドル、200万ドル、あるいは500万ドル、それ以上の目標を目指してください。

借金に感謝する方法

ここまで、お金を尊重し、稼ぎ、貯金をし、投資することについて話をしてきました。そこでこれからもっと難しいトピックについて話しましょう。**「借金」についてです。あ**

なたの頭から借金を魔法のように消し去るような、特別な対処法があります。

それは借金について捉え方を変えて、あなたがお金を借りている人または銀行は、あなたに投資をしたのだと考えるのです。そして、彼らがあなたを信用してくれて投資してくれたことに感謝するのです。彼らは、ある意味あなた以上に、あなたのことを信用してくれたわけですから、まさに感謝に値することだと思いませんか？

豊かさは感謝と密接な関係があります。何年も前に、私はキャサリン・ポンダーの著書『豊かさをもたらす大いなる法則』から、請求書の支払いに銀行の小切手を書くたびに感謝することを学びました。私は早速それを実践することにしました。

小切手を書くということは、その前に何らかのサービスまたは製品を受け取っているわけです。これまで小切手を書くのは、お金が手元から出て行くことになるので、あまり喜ばしいことではありませんでした。しかし、先にサービスの提供を受けていることに感謝することで、小切手をスムーズに書くことができるようになります。

小切手の一番下に小さく「ありがとう」と書くのはすばらしい習慣です。小切手を受け取る人はそれを見て驚くかもしれませんが、きっと気分よく1日を過ごせるでしょう。そして受け取った人は、これと同じことを別の人にするかもしれません。感謝の心は必ず波及効果をもたらすものです。この効果こそが感謝の魔法の醍醐味《だいごみ》でもあります。

いくつかの研究によると、離婚後、夫婦が互いにいがみ合い、怒りを感じているなら、定期的に支払われる養育費の額が低下するそうです。離婚後にいがみ合うことなく離婚し、互いに感謝していると、養育費が途切れることはありません。

税金にしても、税金を払うことができるということに感謝すれば、より気持ちよく税金を払えるでしょう。誰かがあなたに提供してくれたサービスまたは誰かがお金を貸してくれたローンについても、そのことに感謝すれば、その支払いや返済のためにお金を稼ぐことがより簡単になるでしょう。

感謝の魔法は、このようにエネルギーを変換して、支払いに必要な金額以上のお金を稼ぐことができるようにしてくれます。

エネルギーと感謝の魔法の関係

エネルギーについて語る上で、次のエピソードを話さないわけにはいきません。

ある朝、私は不愉快な気持ちで目覚めました。それどころか、私はものすごく苛立《いらだ》っていたのです。オフィスに着く頃には、スタッフや患者、家族、それから多くのささいなこと、つまり、私の周りのすべての人やものに対して怒りを覚えるほどにまでなっていました。その朝は、自分でどうしようもないくらいに不安定な精神状態で、何事にも感謝できないほど不愉快でした。

オフィスに入ったとき、私の周りには雲がただよっている感じでした。そしてその日、患者が、1人、また1人とキャンセルを入れてきました。それはまるで患者が私に会うことで病状が悪化するのを避けるために宇宙が配慮してくれたように思いました。間違いなく、その日の私には人を治癒するエネルギーなどありませんでした。感謝の心が全くない状態だったのです。私は、もうこれ以上ないくらいに最悪の状態でした。

私自身、心のどこかで、そのことがわかっていたので、患者がキャンセルしたと聞いて内心喜んでいたほどでした。私は自分のオフィスに入ると、机の上に置いてある小さなボウルの中に体を丸めて入ってしまいたいと思いました。

それくらい気持ちが落ち込んでいたのです。何もかも私の頭の中から追い出してしまいたいと思いました。私は、ただ1人で静かにしていたかったのです。オフィス全体が停止した状態でした。

私はふさぎこみ、すべてのことに怒りを感じました。スタッフが仕事をしていないように感じられ、予約をキャンセルした患者に怒りを覚え、私の幻想を理解しようとしない妻に怒りを覚え、朝から騒々しい子供たちに対しても怒り心頭でした。そのとき、私は自分の内なる声を聞いたのです。「自分が持っているものに感謝しなければ、何も得られないのよ」。これはきっと、私の母が私にささやいてくれたに違いありません!

100ドルのバラ

感謝のない心は重いです。それはまるで重力のように、あなたを落ち込ませます。反対に、感謝の気持ちは軽く、それがあなたから発せられることによって、あなたの存在全体を拡大させます。

あのささやき声を聞いた私は、その後とてもすばらしいことをしました。私は外に出て、歩道を歩き、小さな花屋に行きました。そこで、オフィスのスタッフ全員のため、その日の午後に来院予定の患者のため、そして家族のために、花をたくさん買い込みました。たぶん、バラの花を4ダースほど買ったと思います。私はオフィスに戻り、買ってきたバラをスタッフ全員に手渡しました。

また、残りのバラはアシスタントのケリーに渡し、花瓶に生けてもらいました。夜になったら家に持ち帰るためです。私は、全員にバラを渡した後にこう言いました。「今朝の私は感謝の心を持っていませんでした。非現実的だったし、怒っていて、自分の世界に酔いしれていました。患者がキャンセルしてきたのも、私が人を癒すことのできるエネルギー状態ではなかったからです。ですがもう大丈夫です。今朝は辛抱してくれてありがとう。今朝の私は近寄りがたい人間でした…」

私は部屋を回って、スタッフ1人1人に感謝し、ハグしました。彼らはすごく驚いていましたが、私にこう言ってくれました。「大丈夫です。私たちにもそういう日がありますから」。こうして、私たちがお互いに感謝しあったとき、エネルギーが解き放たれました。

そのとき電話が鳴りました。部屋の中には愛と感謝が充満していました。そうしていると午前の予約をキャンセルした患者が、午後の予約の電話を入れてきたのです。結局その日は大忙しの1日となりました。予約を入れていなかった人までやって来たほどです。

これは間違いなく、感謝の魔法がエネルギーを変化させたことによる効果です。私の感謝のない心がすべてを閉ざしていましたが、感謝の気持ちによってすべてを再び開くことができたのです。

その日、私はたとえ小さな感謝でも大いに役立つということを学びました。バラを買うために、おそらく１００ドルを少しオーバーする額を使いましたが、その代わり、ビジネスでは何千ドルも稼ぐことができたのです。これは感謝の魔法がもたらした利益です。

富は手に入れる前に尊重する

貯金すること、お金を賢く使うこと、お金を管理することを評価しない人、お金が自分や他人にもたらしてくれるものを尊重しない人は、人生で大きな富を築くことができないでしょう。**何らかの富を得ようとする上で最も重要なことの１つは、お金がもたらしてくれるものを尊重することです。**

強力なビジョンや目的を持つ人が富を持てば、世の中に対して傑出したサービスを提供することができます。富は、それを使う人の価値観次第で、良い目的にも、悪い目的にも利用されます。富は、それを持つ人が使い方を決めるまでは、良くも悪くもありません。私たちは、富を手に入れる前に、それを尊重しなければなりません。富を築き、それを増やしていくために、必ず感謝の魔法を活用することです。

第5章まとめ

・感謝すればするほど「経済的な豊かさ」を手に入れる運を手にする
・「富」という言葉は「お金」というよりはむしろ「望むもの」といった意味である
・お金は人と似たところがあり「感謝し愛してくれる人」のもとに集まる
・自分自身を尊重するためにも、まず「自分のため」にお金は使う
・1000万ドル稼ぐのも100万ドル稼ぐのも注ぐエネルギーはたいして変わらない
・お金を本当に大事だと思うまでは「貯金」はできない
・富を「手に入れる前」に尊重する人が、人生で大きな富を築く

第6章

家族の間に働くダイナミクス

嫌いな相手を理想の人に変える方法

あなたは、親しい人に変わって欲しいとか、こういうところを直して欲しいと頼んだことはありますか？

それで相手は変わりましたか？

他人を変えるには、自分の相手に対する考え方を変えることです。何度も言うようですが、人はありのままの自分を愛され、感謝されたいと思うものなのです。人は価値観に沿って生きていますから、誰かを感謝するには相手の価値観を知っておくことです。逆に、相手に自分の価値観に合致した生き方を期待してしまうと、相手のことを感謝することはできないでしょうし、まずイライラしてしまうことでしょう。

相手の価値観を知れば、相手がどのような行動をとるのか理解できます。なので、相手との人間関係をよくしていくのに役立ちます。**相手が何をしようと「その行動が私にとってどう役立つだろうか？」と自問してみる。この質問を自分に投げかければ投げかけるほど、相手に対してよりいっそう感謝できるようになるでしょう。**

恋人やパートナーに何か特別なことをしてもらいたいのであれば、相手の価値観やニーズを考慮することなく相手に期待したりしないことです。相手にしてもらいたいことを伝えるときには、相手の価値観に沿って、それが相手にとってどういうメリットがあるのかを説明するとよいでしょう。そうすればきっと相手はあなたの心配りに感謝するでしょうし、あなたも相手の反応に感謝することができます。

肝心なのは、お互いの価値観に沿ってコミュニケーションをとることです。人は、非現実的な要求をする相手に対しては感謝しません。そういうことをしてしまうと、相手から、こちらが不愉快でイライラするような対応が返ってきます。そうなると相手だけでなく自分自身に対しても感謝ができなくなり、さらには、不満を他の人にもぶつけてしまうかもしれません。

もし、あなたが毎日家族1人1人に感謝することをノートに書き留めるならば、家庭でのコミュニケーションはとても円滑なものになるでしょう。それは、あなたが自分に贈る感謝の魔法といえます。

家族1人1人がそのままの状態で、あなたにどれだけ役立っているのか理解できるようになります。たとえ相手があなたを困らせるようなことをしたとしてもです。夫が靴下を床に脱ぎっ放しにしていたなら、それが自分にどう役立つのかを考えてみてください。

相手の行動に振り回されるのではなく、それが自分にとってどう役立つかわかれば、あなたは自由になれます。真の感謝は、あなたの心がバランスしているときに生まれます。

相手に欠点よりも多くの利点を見るなら、その人に夢中になり、相手の利点よりも欠点が目につくと、その人に怒りを感じます。バランスがとれた状態のときに、私たちは感謝や愛情を覚えるのです。

両親からの支援と試練

私たちは最も愛し感謝しているはずの身近な人に対して、愛や感謝を表現しない傾向があります。

その代表的な例が家族です。私たちには必ず母や父、祖父母がいますし、人によっては兄弟、姉妹、息子、娘がいます。彼らが自分の周りからいなくなることはありません。たとえ自分の両親や祖父母が他界したとしても、別の誰かが代わりにその役目を果たしてくれます。子供が大学のために家を離れると、別の誰かが子供の役割を引き継ぐのです。その役割がなくなることは決してなく、ただ演じる人が変わります。

このように家族の形態が変容していくことに感謝しましょう。家庭内の家族関係、そし

てより大きな宇宙的な意味での家族の間にも、必ず正負のバランスの法則が働いています。それがわかれば、真の感謝に目覚めることができます。

私は、自分の両親にとても感謝しています。私の父は哲学者でしたが、それ専業で生計を立てることができませんでした。でも、その父の代わりにこうして私がやっています。私の母はクリスチャン・サイエンス・ヒーリングを行っていましたが、彼女もそれで生計を立てることができませんでした。代わりに私がヒーリングを仕事にしました。

こうした2人のもとで息子となれたことをとても感謝しています。私が今の私になれたのは、すべて両親のおかげだからです。両親からは、支援と試練の両方を与えられました。私が10代前半のときに、父が私にきつい態度を取らなければ、私は家を出ることもなく、今のように自立することもなかったでしょう。

これは私が13歳で家を出ようとしていたときの話です。父はこう言いました。「今夜は外出せずに家にいなさい」。ここだけの話なのですが、実はその夜、私のガールフレンドが町の近くで待っていたのです。私は、世界中のどんなことよりも彼女にキスをしたいと思っていました。なので、どうしても外に出なければなりません。

私は父に言いました。「いやだ、出かける」。私は何があろうと彼女とのチャンスを逃したくありませんでした。そのことを父に言いたくなかったのですが、だからといって出かけないわけにもいきません。少し言い争いになりました。

そして父はこう言ったのです。「今夜出かけるなら、もう戻ってくるな!」。もちろんそれは父の本心ではありません。父親なら誰もがするように、私のことを試してみたのでしょう。それに対して、私は「わかったよ」と言い、荷物をまとめて出ていきました。これは父からすれば予想外のことでした。私としては、ただ彼女をハグしてキスがしたかっただけのことです。

これが、私の自立の始まりでした。その後、父と私の関係は、全く新しいものに変わりました。父は、息子が成長したことに気づいたのです。その日以降、父の私に対する態度が完全に変わりました。しかし、自立しようとしていた私は、最初のうちは、父に対してきつい態度を取らざるを得ませんでした。

父も、私が成長できるよう、私に対してきつい態度を取りました。20代の頃、自分の診療所を開くために、私はビジネスローンを借りなければなりませんでした。そこで父は私がローンを借りるときの連帯保証人になってくれたのですが、その際父は、銀行から課される金利7・5%に加えて4%の金利を私に課しました。ですから、私に課せられた金利は全部で11・5％でした。

父は、お金を借りるとはどういうことかを私に学んでもらいたかっただけなのです。父は私にきつい態度を取りましたが、同時に援助もしてくれました。つまり、父は私に両方のことをしてくれたのです。父は、私にとって完璧な父親です。彼の存在は間違いなく、私が感謝の魔法に目覚めるために必要でした。

家族関係のダイナミクス

先日、乳ガンを抱える女性のカウンセリングをしました。彼女は、自分の父親のことを暴力的で残酷なとんでもない意地悪な人と見なしていました。

しかし、何千人もの人々をカウンセリングしてきた経験から、私は物事は一方だけの偏った状態は単独で存在できないと確信しているので、彼女にこう尋ねました。「家族の中で、あなたに対してとても協力的で過保護とも言える人がいませんでしたか？その人は誰ですか？」。彼女は、彼女の母親と祖母、叔母は彼女に対して常にとても優しく、彼女の願いを何でも聞こうとしてくれたと答えました。

私「もし、あなたがそんなに優しい人たちばかりの中にいたら、きっと依存型の人になっていたのではないでしょうか？あなたのお父さんがそういう人だったからこそ、あなたは成長して自立することができた…そう考えることはできないですか？」
女性「確かに、そうかもしれません」
私「あなたの今のお仕事は？」
女性「大企業のCEOにコンサルティングをしています」
私「あなたが恐れを知らず、断固として目の前のことに立ち向かい、必要なら相手に反撃する、そして自分の足でしっかりと地に立てる人になれるよう、お父さんがトレーニングをしてくれた…そう考えることもできますね？」
女性「確かにおっしゃるとおりです。その影響は確かにあったと思います」
私「あなたがこうして好きな仕事ができていること、あなたが父親からリーダーシップのスキルを学べたことについて、お父さんに感謝したことはありますか？」
女性「それは…今までそういうふうに考えたことがなかったものですから…」
私「それがお父さんからの贈り物だと言えませんか？」
女性「えぇ、そう、そうですね。そう思えてきました」
私「子供の頃、友達の家族を見て羨《うらや》ましいと思ったことはありますか？」
女性「はい、友達のお父さんが、私が理想としているような父親でした。とても優しそうで、彼女のことに理解のある感じがして」

私「では、もし今その彼女と立場を入れ替われるとしたら、あなたはそうしたいですか？」
女性「とんでもない！実は、彼女はもうすぐ40歳になるというのに、まだご両親と一緒に住んでるんですよ」
私「もしも今、あなたのお父さんが隣に座っていたら、何と言いたいですか？」
女性「そうですね、父との間には他にも問題があるんです。昔の父は意地が悪くて、母につらくあたっていました」
私「なるほど。では、あなたのお母さんは、おとなしく、受け身的で、弱々しく、自分自身を責めたり、自分の思ったことを主張することができない人だったのではありませんか？」
女性「そうです」
私「それから、お父さんのそうした行為がお母さんをどうにも我慢できない状態に追い込み、最終的にはお母さんに立ち上がる強さと大人としての自立を促すことになったのではありませんか？」
女性「まさにそのとおりです。母はとうとう父と別れる決心ができて自立心を取り戻しました」
私「そうすると、お父さんは優しくなったのでは？」
女性「はい、父が50歳を過ぎてからは、母のほうが活発になりました」
私「あなたのお父さんに対しての思い込みに賛同してくれた人はいましたか？」

女性「はい、私の友人たちは皆、父がモンスターだということに同調してくれていました」
私「自分の子供を愛さない親はいないですよ。また、自分の親を愛さない子供もいません。表層的にはそう見えないし、見せないかもしれませんが、本心では愛しています。あなたのお父さんは、あなたの人生にとって1つの役割を演じていただけなのです。お父さんのおかげで、現在のあなたは自立心があり、意欲的で、大きなことを成し遂げる人になったのですから」

彼女は、父親の攻撃性が自分への贈り物だったということを悟り、涙をこらえることができませんでした。それは彼女にとって大きなブレイクスルーとなりました。その翌日、彼女は父親に電話をかけたそうです。2人の人生が感謝の魔法の恩恵を受けたのです。

ダイナミクス（力学）のバランス

私たちは家族の間に働くダイナミクス（力学）の中にバランスを見出すことができます。そこでは家族の誰もがそれぞれの役割を担うことで、意地悪と親切、支援と試練など、すべての相反する力学が働いています。

家族の誰かが仕事に出かけると、別の人は家の修繕をし、また別の人は料理をしたり、

芝生の刈り込みをする。こうして家族全員がそれぞれの役割によってバランスを保つのです。このことに気づけば、誰もが家族に感謝するのではないでしょうか。

たとえば、私の両親は旅行をしなかったのですが、私は世界中を旅しています。ですから、私は両親が家から離れなかったことに感謝しています。そのおかげで私が旅行できるからです。

また、私は家族の中の社交的な人に感謝しています。そのおかげで、私が知的な人間になることができるからです。家族力学の中で1つの役割を演じれば、自分とは正反対の人が誰かいてくれることに感謝できます。家族の中の「発言と沈黙」の力学を考えてみてください。家族の誰かが感情を抑えているなら、他の誰かが必ず感情を表に出しているはずです。

他の人が自分と正反対の役割を演じてくれることに感謝しましょう。なぜならそのおかげで、あなたがあなたでいられるのですから。家族とは、こうしていろいろな形で感謝することを教えてくれる存在なのです。

親は、自分の子供の人生を、自分の人生であるかのように感じるものです。親が抑え込んでいるものを子供は外に出します。ハンサムで長髪の私の10代の息子、ダニエル・デヴィッド・ディマティーニは、私が実現できなかった音楽の夢を叶えてくれています。ある意味、彼は私とは正反対のタイプの人間です。彼は自分のヘビーメタルバンドの歌詞を書き、作曲することが大好きです。ダニエルの夢は、ロックスターになることです。彼は、私が教えていることを歌詞に取り込んだりしています。頭の良い子で、彼の語彙《ごい》力と熱心さと知性には驚かされます。

私が10代のときにやりたくてもしなかったこと、できなかったことの1つであるロックスターになる夢を彼が実現しようとしていることに私はとても感謝しています。私もちょっとしたロックバンドで活動していましたが、成功しませんでした。今では、私のこの夢を彼が実行してくれているのです。私の子供の頃の夢をこうして息子に託すことができることに感謝しています。

家族がお互いに率直に愛と感謝を表現し合うことができるのはすばらしいことです。私の場合は、世界中を飛び回っているので家族と毎日会えるわけではありません。それでも私たち家族はとても親しくしています。

私は、彼らが私に助けを求めるとき、彼らの近くにいないこともあります。でも、あなたが何をしたとしても、子供はあなたを好いたり嫌いになったりするものです。これが愛の2つの面を構成しているのであって、そしてこの2つが感謝の魔法を目覚めさせてくれるのです。

私は毎朝、自分の感謝リストを読んで、自分が受けた恩恵に感謝しているのですが、その際、まず子供たちへの感謝リストから始めています。私は子供たちに感謝していますし、また、彼らが自分の使命を見つけ夢を叶えられるように、人生を捧げています。私は子供たちから学ぶ機会をいただいていること、そして、子供たちが自分の人生を精一杯生きるための手伝いができることに、とても感謝しています。

結婚の真実

さて、ここまで子供や親、それから親の代役のことについては触れましたが、とても重要な相手について、まだ触れていませんでしたね。

私は以前、結婚にかなり献身的な1人の女性と会ったことがあります。彼女は結婚するときにこう誓ったそうです。**「結婚はこれが最初で最後。私はこの結婚を最後までやり遂げる。だって、それが教会の教えですもの。離婚するときは、私が地獄に落ちるときよ」**

彼女が信じていることは、自分が結婚にコミットし続ければ天国に行くことができ、そうでないと…まぁ、これは誰にもわからないことです。なぜなら私が彼女に前回会ったとき、彼女はまだ結婚へのコミットを続けていましたから。

しかし、彼女の夫は、定職に就かず、アルコール中毒で、その他にもいくつもの問題を抱えていました。彼女は結婚生活における最も過酷な試練を耐え抜いていたのです。彼女は、地獄に行く苦しみのほうが、現在経験している苦痛よりも大きいと思っているので、まだ結婚を続ける気でいます。

彼女はガンやその他にも健康上の問題を抱えていました。彼女は人生のほとんどを自分の気持ちを抑制して生きてきました。しかしそれでも彼女は自分の信念にコミットしていたのです。**そうです、彼女がコミットしているのは、実際の結婚ではなく、自分の価値観だったのです。**

この場合、「コミットメント」が正しい言葉とは言えないでしょう。というのも人は究極的には、それを意識しようとしまいと、自分が最も重要と位置づける価値観にコミットするものだからです。もしも自分がコミットしていることが、自分にとって真に高い価値を置いているものでないとしたら、それは無駄に終わるかイライラする結果に終わるでしょう。

面白いことに、自分にとって本当に最も重要な価値観に合致したことであれば、特に意識してコミットすることは必要ありません。あなたは、既にそれに生きているのですから。誰かが「あなたと結婚します、あなたにコミットします」と言ったなら、それは本当ではありません。

その人はあなたにコミットするのではなく、その人が最も価値を置くことにコミットしているのです。なので、あなたがその人の価値観を満たすかぎり、その人はあなたと一緒にいるでしょう。でも、あなたがその人の価値観に反したならば、その人はあなたから離れてどこかへ行ってしまうことでしょう。

人は自分が最も高い価値を見出すものにだけコミットします。相手との恋愛関係に最も高い価値があれば、それにコミットするでしょうが、それはあくまでその恋愛関係がその人の価値観を反映している間だけです。人は自分の本当の価値観には忠実です。ですから、私は、他人にコミットしてもらいたいとは思いません。そうではなく、自分の価値観に従って生きてもらいたいです。これは感謝の魔法のつらい側面の1つかもしれませんが、しかしこれが真実なのです。私が誰かを愛するとき、私はその人の価値観も愛するようにします。私が他の誰よりも、その人の価値観に合致した生き方をするなら、その人はまるで私にコミットしているかのように振る舞うでしょう。

相手の価値観を無視しない

ティナという女性が、コンピュータとテレビゲームに夢中になっている息子のカウンセリングをして欲しいと依頼してきました。彼女は、息子が働ける年齢にも関わらず少しも仕事をしようとしないことに苛立っていました。

ただし、あくまで彼女が考える仕事にです。彼女には息子が「1日中ただコンピュータの前に座って怠けている」だけにしか見えないのでした。彼女が言うには「もう、イライラしちゃう」のでした。

実は、彼はコンピュータに関してはかなりの天才であることがわかりました。彼と話してわかったのですが、彼はソフトウェア開発を独学で勉強し、自分のソフトウェア開発および**ウェブサイト開発のオンライン企業を立ち上げて**いました。

彼女はそのことを知らなかったのです。彼女は、新しいコンピュータ技術にうとく、時代についていけていなかったのです。彼はコンピュータの才能に秀でていて、今ではかなり熟達しています。彼がビジネスでお金を稼ぎ始めると、ティナは、息子が「１日中、家の中で、コンピュータの前に座って怠けていた」ように見えたのは、コンピュータに習熟するためのトレーニングだったことに気づきました。ただ、当時の彼女にはそのことがわからなかったのです。

家族間に働く力学において、ある人の行動にどんなメリットがあるのかわからない場合があります。どう考えても、それが自分にとって何にも役立っているようには見えないのです。ただし、私たちは、彼らは彼らの価値観に従って生きていることを認識しておかなければなりません。

相手に自分の価値観を当てはめるということは、相手を尊重していないことを意味し、それだと相手に感謝する機会も失ってしまうことになります。私たちがお互いのすばらしさや価値観がユニークであることを認め合うとき感謝の魔法が目覚めるのですから。

私たちはともするとと他人が自分とは異なる価値観を持ち、自分とは異なる視点で物事を見ていることを忘れてしまいがちです。私たちはどうしても自分の価値観で相手を見ようとします。そして、相手がそれに合致しないと怒りを覚えます。

相手の価値観を無視することを無知と呼びます。自分が正しいと思うことをしたのに、相手から感情的な反発を受けてビックリしたことはありませんか？相手を自分の価値観で見ようとすればするほど、裏切られた思いになるのです。

私たちは、自分が正しいと信じるように訓練されますが、必ずしも感謝して愛するようには訓練されていません。私たちは愛についての訓練が足りないほど、正しくあろうとしています。セールスと同じです。販売方法がわからないときに、お客が何を感じて何を必要としているかを考えず、自分勝手にお客が必要としているものを決めつけたりします。訓練が足りないのです。

すべては昔から伝わる黄金律に答えがあります。すなわち、あなたがしてもらいたいと思うやり方で相手に接しなさい、という教えです。人は、相手が自分に何かを売ろうとする場合、まず自分が何を必要としているかを尋ねてもらいたいのです。それができるなら、私たちは成長することができます。

幸せな結末の続き

私の妻は約3年前に亡くなりました。妻が末期ガンを患っていることを私たち夫婦が知ったときには、もう手遅れでした。プライバシーを保ちたいと思った妻は、このことを内密にすることにしました。メディアから注目されたくなかったからです。

妻が亡くなる直前、私たち夫婦は特別な会話をしました。家の中に2人っきりで座り、これまで2人一緒に経験したすばらしい時間、そしてともに歩んだ人生の中でやってきたすべてのことを思い返したのです。美しい夜でした。お互いに感謝の気持ちで満ちていました。私たちは、本当にすばらしかったこの12年半を丁寧に振り返りました。

私たちは、世界中を旅行し、豪華客船や世界中のきれいなペントハウスで生活し、すばらしい人々に出会いました。その多くは有名人で、王室も訪問しました。私たちは2人とも本を書き、自分が好きなことをする機会に恵まれ、ともにインタビューをしたり、ともに講演をしたり、多くの人々の幸せに貢献しました。とても多くのことを一緒に経験してきたのです。

ですから、あの晩は、ただ2人で座って、夫婦生活の思い出にふけり、時間の流れに身をまかせました。彼女は、アテナ・スターウーマン（Athena Starwoman）という名前なのですが、その夜、彼女は私にこう言ったのです。「生きている間に、私のスターマン（Starman）を見つけることができて、本当に感謝しているわ」

その晩、私は飛行機に乗って講演に向かうため、妻と会話した後すぐに出発しなければなりませんでした。その日の夜、私は彼女のいるところから離れた別の場所で眠りにつきました。

眠りについて2時間後、私は彼女から「起こされた」のです。突然、頭の中に彼女の姿が思い浮かび、彼女がはっきりとこう言うのを聞いたのです。「私が死んだら、必ず次の4人にお礼を言っておいてね」。すると彼女は、連絡を取ることのできなかったその4人に対して具体的に何を伝えたらよいのかを私に言いました。

驚かれるかもしれませんが、彼女が亡くなった日に、その4人が電話をかけてきたのです。これには私も驚きました。私はその1人1人に対して特別な気持ちを込めて「ありがとう」と伝えました。

感謝の気持ちを抱くとき、私たちはより高いレベルで意思の疎通ができます。この出来事は、テレパシーによる空間を越えた、量子的な感謝の魔法の例です。彼女はとても直観力のある人でした。亡くなった日にその4人の人たちは、彼女が病気だとも知らず「偶然」電話をかけてきたのでした。

「奥さんが亡くなったのに、どうして感謝できるのですか?」と聞かれることがあります。私はとても感謝しました。彼女とともに過ごした日々に感謝しました。彼女が、穏やかに、そして速やかに死を迎えることができたこと、そして彼女と同じ病状の人が一般的に経験するような大きな苦しみを経験しなくてすんだことに感謝しました。彼女の死はとてもゆったりとしたものでした。

彼女は、美しいまま死ぬことを望んでいましたが、実際に死ぬときも綺麗でした。今でも、愛を通した感謝の気持ちが私たちをつないでくれています。

スターガール

アテナが亡くなって姿を変える前、私たち2人は死について話し合ったことがあります。どちらが先に死んでも、残されたほうが精一杯人生を生きられるように願おうと決めたのです。

彼女が亡くなる6週間前、私たちが手を取り合って、お互いの目を見ていたときに、彼女はこう言いました。「あなたが、素敵で、若い、新しいスターガール（Star girl）を見つけに行くときが来たわ」。そのときは、私はそんなことは考えてもいませんでした。しかし、彼女が亡くなって3週間後に起こったある出来事をぜひお伝えしたいと思います。

その日、私は、ロサンゼルスで開かれた大きなカンファレンスで講演をしたのですが、講演の後に、3時間ほど本のサイン会をしました。そしてサイン待ちの列にとても美しい女性が立っていました。
彼女は大きな帽子をかぶっていて、ファッションセンスが良く、モデルのようでした。彼女の番になったとき、私は彼女に「お名前は?」と尋ねました。すると彼女は言うのです。「スター(Star)です」

私は顔を上げて、つい9週間前の妻の言葉を思い出しました。頭を整理するのに少し時間がかかりましたが、私は彼女にこう尋ねたのです。「この後、ちょっとだけお付き合いしていただけませんか?あなたのお名前についてお尋ねしたいんです」。スターは彼女の実名でした。

その日の午後、私たちは一緒におしゃべりをしましたが、それから2カ月間は、会いませんでした。2カ月後、私たちは再会し一緒に昼食をとり、それから1カ月後にまた一緒に昼食をとりました。その後、私は彼女をオーストラリア旅行に誘いました。こうして、私たちが一緒になってからもう3年になります。

この話には続きがあります。スターとオーストラリアに旅行したとき、私たちは、妻のアテナと私が使っていたペントハウスに行きました。彼女が亡くなって以来そこを使っていなかったので、ペントハウスは最後に使ったそのままの状態でした。到着するとすぐ、

私は洗面所に行き、自分の洗面道具を置き、彼女もベッドルームのクローゼットに自分の持ち物を入れました。すると、すぐに彼女はクローゼットから戻ってきて、ベッドの端に座り、奇妙な顔を浮かべているのです。彼女は、少しショックを受けて、困惑しているようでした。

私「大丈夫、どうしたの？」
スター「ちょっと座って落ち着こうと思って」
私「一体どうしたの？」
スター「クローゼットの中の奥さんの洋服を見たんだけど、そのうち13着が私の洋服と同じものだったの。それから15足の靴も私と同じものだったわ。同じブランド、同じ色、同じサイズ、何もかも同じよ。全く同じ洋服や靴を持っているから、ちょっと驚いてしまって」

急に背筋が凍りつきました。洗面所も調べてみたのですが、彼女は、私の妻と全く同じ化粧道具、髪飾り、洗面道具を持っていました。階下に行ってみると、彼女のものと全く同じ陶磁器、ガラス製品がありました。私たちが乗っていたのは白と金色のロールスロイスですが、彼女は白と金色のジャガーのクラッシックに乗っていました。アテナと私は、世界を周航するザ・ワールドという客船で暮らしていましたが、彼女も以前のボーイフレンドとQM船に住んでいたというのです。この2つの船が同じ港に立ち寄ったことは間違いありません。そしてアテナとスターが同じブティックに入り、同じ洋服やアクセサリーを選んでいたのです。私たち2人は、このすばらしい偶然の一致が持つ意味を理解しつつありました。

失うもの、失われるものなど何もありません。ただそれが姿を変えるだけです。誰かを愛するなら、その人は決していなくならず、ただ姿を変えるだけなので、あなたはその人の存在を感じることができます。私はアテナと過ごした12年半に感謝していますし、その後に私とともにいるスターにも感謝しています。スターウーマンからスターガールへと変わりました。スターもアテナと同じように本を書きます。アテナと同じく、ファッションに夢中でモデルをしています。

シンクロニシティはこれだけではありません。私が愛を感じ、それに感謝していたので、宇宙はこの愛のエネルギーを変化させ、新しい形の生命にそれを現したのです。感謝の魔法は、感謝しなければ経験できない新しい可能性に向けてあなたの心を開かせてくれます。私が自分の持っているものに感謝するとき、必ず人生の次のステップが開かれます。そして、さらに感謝したくなるようなすばらしいものに出会うのです。

家族の定義

家族の定義は人によって異なります。ある人にとって家族とは、配偶者や子供、両親を含んだ血のつながった関係であり、またある人は、普通とは違う家族の定義を持っていたりします。自分と同じ町に住む人、同じ国、または世界中の人を広い意味で家族と捉える人もいるのです。

あなたも、自分の好きなように、自分なりの家族の定義を持っていることでしょう。自分のことを一匹狼だと思っていても、他人との間に親密な関係や比較的薄い結びつきの関係を持っているものです。あなたは決して1人で生きることはできません。結局のところ、私たちは宇宙的家族の一員なのです。

あなたがあなたでいられるのは、部分的には、より大きな世界全体の家族の力学に加わっているからです。血のつながった実の家族でも、広い意味での世界全体の家族でも、誰であろうと、どんな形にせよ、あなたの家族は皆、あなたの全人格の形成に貢献しています。このことは感謝に値することです。

そしてもちろん、あなたがあなた自身のために演じているすばらしい役割のために、ご自身に対しても感謝してください。

第6章まとめ

・相手の「利点」と「欠点」をバランスよく見つめたとき、相手に感謝や愛情を覚える

・私たちは最も身近な「家族」に対して、愛や感謝を表現しない傾向がある

・親切と意地悪、支援と試練など、家族全員が「それぞれの役割」を演じることでバランスを保っている

・親は子供たちから「学ぶ機会」をもらっていることに感謝しよう

・結婚するには相手を愛し「相手の価値観」までも愛さなくてはならない

・自分以外の家族は「彼らの価値観」に従って生きていると認識しなければならない

・私たちはみな「宇宙的家族」の一員である

第7章

人生のマトリックス

なぜ私たちはそれぞれ違うのか？

この世は、いろいろなものが相補的な関係で満ち溢れています。**プラスに対してマイナスがあり、表があれば裏がある、右には左といったようにです。この世界は本質的にバランスが保たれている状態です。**自分とは正反対の意見にぶつかったときは、自分が少し頑なな考え方をしていること、または自分の思い込みに固執しすぎていることをその相手が教えてくれているということです。

国のリーダーのイデオロギーや考え方があまりにも頑なであったり原理主義的なものに偏りすぎると、人々はバランスをとるために正反対の考えを持つ人たちの出現を期待するようになります。ここで相手を説き伏せ、自分と相対する愚かな考えを取り除こうとすると、その代償として対立する敵対者が現れます。対立する相手を完全に征服することは決してできません。

なぜなら、それをすることで必ず自分を非難する相手を生む結果になるからです。強情で頑固だと、結果として屈辱的な経験をすることになります。それが人生におけるバランスというものです。

私たちが敵とみなす相手に対して、彼らもその価値観に沿って自分たちと同じように世界に貢献しているのだと悟るまで、敵を引き寄せ続けます。人は協調することもあれば敵対することもあります。構築もすれば破壊も行います。この世界では、相対するものが必要であり、いわゆる敵対者というものは、まさに自分たちと同じくらい価値ある存在なのです。

私たちの社会はジグソーパズルのようなものです。パズルのピースはそれぞれが唯一無二の非常に貴重な存在です。購入したパズルのピースがすべて全く同じものであったら、お店に戻って返金するよう要求するでしょう。ピースがぴったりと並んで全体像が描かれるには、相対するものが必要です。こうして両方を心から受け入れるときに、感謝の魔法が現れるのです。

人それぞれが持つさまざまな役割や価値観を認めることができなければ、会社や政党の中で人々を管理することなどできません。どのような仕事も、それを実行するための特定の価値体系を必要とします。工場で働きたい人は、企業のトップで働きたい人とは異なる価値観を持っているものです。企業や社会のあらゆるレベルに及ぶさまざまなギャップを埋めるには、すべての価値観を認めることが必要です。パズルではすべてのピースが等しく大事です。これと同じことです。すべての人が全く同じ価値観を持っていたとしたら、実業界や社会は機能できないのですから。

朝起きて、みんなが自分のようだったら？

『トワイライトゾーン』のエピソードで、主人公の男性が朝起きると、周囲の人が全員彼と全く同じ人になっていたという話がありました。

その男性は、自分以外の人を快く思っていませんでした。ある日、彼がアパートの部屋から出ると、アパートの隣人や管理人を見かけます。そして彼は「みんな俺のような人間だったらいいのに」と言います。それから、通りを歩いている人たちを見ては「みんな俺のような人間だったらいいのに」と言います。喫茶店でウェイトレスの対応にいらついた彼はそこでも「みんな俺のような人間だったらいいのに」とつぶやきます。彼は他人は皆、彼のことを悪く扱う。もし自分と同じような人間だけが存在するなら、世界はもっとよくなるのにと思うようになります。

翌朝、彼が目覚めると、彼の周りの人は、ただ着ている服が違うだけで、全員が彼になっていたのです。管理人もエレベーターで乗り合わせた隣人も彼と全く同じ人、喫茶店のウェイトレスまでも彼と全く同じ人になっており、職場の人も全員が彼と全く同じ人になっていました。彼は自分自身に囲まれた1日を過ごし、最後に「神様、私の願いはただ、**皆がそれぞれのままでいて欲しいということだけです！**」と叫んでしまうというお話でした。

社会には、バランスのとれた高度な秩序があります。英知とはあらゆる出来事や人々の両方の側面に目を向けることであるのに対し、無知とは物事の片面だけに目を向けて、もう一方の面を無視してしまうことです。社会には、どんなにみじめな人に対しても親切な人が存在し、どんな非難に対しても賞賛する声があります。このバランスに注意している人は、必ずこの秩序に気づいて、自分の周囲に真の完全な姿を見出すとともに、自分自身が愛に値する存在であることも実感するでしょう。究極的に存在するものは愛以外の何ものでもありません。**人生における支持と試練は完璧なバランスがとれており、どちらも必要なのです。辛辣《しんらつ》な観点や厳しい愛が人を自立させ、優しい愛は人に従順な心を芽生えさせます。**この2つがそろって1人の人間の全体が出来上がります。この全体的な姿を認めたときに、人は感謝の魔法を実感するのです。

見知らぬ人との出会い

私たちの社会生活は、所属グループや職業、居住地、友人によって制限を受けるものではありません。見知らぬ人も重要な存在です。

私はテキサス州エルパソの路上である浮浪者と出会い、その人が私の人生を変えました。彼は図書館に私を連れて行き、プラトンやアリストテレスのすばらしい著作を数冊見せ、愛と英知の意義について教えてくれました。先ほどまで見知らぬ人だった彼は、私にとって特別な人になりました。

後に、私は別の見知らぬ人に出会います。私はビーチ近くのジャングルに張ったテントの中で毒にあたって3日間意識不明の状態でした。そこへ見知らぬ女性が現れ、私をつきっきりで看病してくれたおかげで、私は回復し始めました。見知らぬ人と距離をおくことが、私は必ずしもよいとは思いません。

私の10代は、見知らぬ人との出会いを中心に展開していました。彼らのおかげで非常に多くの豊かな経験と数々の大きな機会を得ました。そして彼らのおかげで私は感謝の魔法を理解することができたのです。

出会いは、それがたった2秒間であったとしても、あなたの人生を変える可能性があります。私は人とぶつかったとき「ごめんなさい」とは言いません。代わりに「いやぁ、あなたがとても魅力的なので、引き寄せられてしまいましたよ。お名前は何と仰るのですか?」と私は言います。そんなはずないだなんて、誰にわかるでしょうか?誰にもわかりません。

想像上の対極のバランス

感謝の魔法を身につけると、心配や不安は幻覚にすぎないことがわかります。心配や不安とは、先々について喜びよりも苦痛が多くなる、得るものよりも失うものが多くなる、プラスよりもマイナスが多くなる、支持よりも試練が多くなる、誰かあるいは自分のせいで安らぎよりも動揺が多くなるといった仮定から生じるものです。

実際には、そのようなアンバランスは生じえないのです。自分を支持してくれる人なくして挑戦してくる人が存在することはなく、また、賞賛してくれる人がいなければ、批判する人も同時に存在しません。

常に、想像上の対極のバランスをとってくれる他の誰かが必ず存在します。その人は近くにいるかもしれないし、遠くにいるかもしれません。しかし必ず存在します。私は「想像上の」という言葉を強調したいと思います。これはここでキーとなる言葉です。

人生の片面だけを味わうことはできません。人生は完全にバランスが保たれています。だからこそ、世界の半分は自分と合わないのです。残りの半分が自分と合うようになっているからです。感謝の魔法とは、心を開いてバランスを受け入れることでもあるのです。

バランスにまつわる3つのエピソード

私の人生から、バランスにまつわる3つのエピソードを紹介しましょう。


1988年、私はその年のカイロプラクター・オブ・ザ・イヤーに選ばれました。この受賞の一環として大きなセレモニーが開催され、数千人の前で、世界中から集まったプロの同業者たちが私の業績を認めてくれました。

ところが、それと同時に、テキサス州にある大きなバプティスト教会の外では、ポスターやチラシを手にした数千人が私のことを反キリスト煽動者であると言っていたのです。そう、つまり同じ日に私は数千人の人から称えられ、そしてまた数千人の人から非難されたのでした。

これが人生のバランスというものです。賞賛と非難の両方を受け入れないのであれば、人生の目的を果たす気持ちもないということになります。何をするにしても、私たちは賞賛と非難の両方を受けるものなのです。

だからこそ、その両方に対して受け入れる用意をしておくことです。感謝している人はこの両方を進んで受け入れ、どちらも必然的なものであることを知っています。賞賛だけを得れば、人はうぬぼれてしまい、実際の自分よりも大きく自分を捉えてしまいます。批判だけを得れば、自分を卑下してしまいます。両方を得てこそ、人は自分のあるべき姿でいられるのです。

次は、約150人のグループに向かって講演していたニューヨークで起きた屈辱的なバランスの経験談です。

講演の後、1人の紳士が私のところへ来てこう言ってくれました。「あなたの話を聞きながら、私はまるでソクラテスやプラトン、アリストテレス、スピノザ、あるいはエマーソンの面前にいる思いでした」。彼は私が尊敬する偉大な哲学者5人の名前をあげた上で、私を彼らと同列に見てくれたのでした。

実はその瞬間、同じ時刻という意味ですが（私は後で時間を確認しました）、私の著書を数冊読んだある教授から電子メールが届いていました。メールには本の内容があまりにひどく、全くもってがっかりさせられたとありました。

彼のメールの文言は、「あなたはまるでタリバンやジェリー・フォルウェル、ジョージ・ブッシュ、そしてヒトラー、サダム・フセインなどと全く変わらない」というものでした。私をどこかの宗教的な原理主義者であるかのようにみなして私を非難したのです。

彼は、彼が軽蔑する人物5人の名前をあげた上で、私を彼らと同列に見たのでした。つまり、講演会場で賞賛の5人に相対して非難の5人です。私はあまりに面白くて「このように壮大なバランスが取れていることについて、宇宙に感謝します」と言いました。このシンクロニシティは私にますます確信を与え、感謝の魔法への取り組みを強化させるのでした。

3つ目のストーリーの舞台は南アフリカです。最近のことですが、ヨハネスブルグでの滞在中に、ホテルの私の部屋にスタッフ数名が押し入り、約6000ドルを奪い去りました。ちょうどそのとき私は階下で商談をしており、あるカンファレンスで講演することが決まりました。

ところで、その講演の契約で主催者側から提案された講演料はいくらだと思いますか？もうおわかりかと思いますが、それは6000ドルでした。それ以上でも以下でもありません。このシンクロニシティに気づいた私は思わず笑ってしまいました。

多くの人は、自分が関わる人が皆、穏やかでポジティブで自分を応援してくれる親切な人であって欲しいと願います。そして、自分につらくあたる人はできるだけ避けて、自分を褒めてくれる人と一緒にいようとします。

こんなことしたってまず無駄です。もし、常に支持を受けてばかりだとしたら、私たちは成長しないということに気づかなければなりません。試練は人を成長させてくれます。ノーマン・ヴィンセント・ピールはかつてこう言っています。「もし問題を抱えることなく目覚めたとしたら、手と膝をついて祈りなさい。その人は死んでいるのですから」

一方だけに偏ったことを望むという幻想を打ち破って全体像に目を向けた人は、人生のすべてのステージに感謝するようになり、自己実現の力を与えられた者としてトップに立てるのです。すべてのステージは人生の方程式の一部を成すものであり、その方程式の頂点にあるものは感謝と愛です。その頂点から感謝の魔法が現れるのです。

コインの両面に感謝する

私がテキサス州ヒューストンで講演をしていたときの話です。講演中、2分おきに質問してくる女性の参加者がいました。講演の話がちょうど盛り上がってくると、彼女が質問して話の腰を折るため少し迷惑になってきました。

しかし、私はあえて何もせず、そのままの状況を見守ることにしました。参加者の誰かがこの状況に対して発言するまで待とうと思ったのです。面白いもので、1人がその場を支配すると、他の人たちは静かになり、発言しなくなるものなのです。本当は何か言いたかったり、質問したいのですが我慢してしまうのです。

その女性は、相変わらず次々に質問し続けていました。すると、ついに1人の女性が立ち上がり、「ちょっとあなたねぇ！いい加減に、その口を閉じたらどうなの！私たちはみんなドクター・ディマティーニの話を聴くためにお金を払ってここに来たのよ！あなたとのやりとりを聴くためじゃないの！」と言いました。

それから約15分間、例の女性は静かにしていました。ところが、またしばらくすると、彼女は質問を再開しました。

そうすると別の参加者が、「ちょっと、もうこのことは話し合ったはずだよね」と彼女に言いました。そこで私は参加者全員に向かって言いました。「皆さんが疑問を持っているのに、発言するのが怖くて質問しないのだとしたら、代わりに彼女が質問を続けますよ。皆さんが押し黙っているので、彼女が代わって質問しているだけなのです。彼女は質問することを恐れていません。皆さんが2分おきに質問したとしたら、彼女は黙っていると思いますよ」
これはまさに集団力学の原則を完全に実証した例です。今回のヒューストンでの講演ですが、実は私が講演中に受ける質問の数としては、平均すればほぼ同じ数でした。他と違う点は、いつもならその質問は多数の人からあがるのですが、今回はほとんどすべての質問が1人の人物からあがったものだったことです。

今回のようなことは家庭でも社会でも同様に起こります。静かな人がいれば、表現力豊かな人もいます。人生のどの場面でも自分の意見を述べないでいると、他の誰かがあなたの代わりに表現します。他人からジャッジされるのが怖かったり、発言するのが怖い、好きなことをするのが怖いといって何もしないでいると、結局、他の誰かのために働くことになり、他人から指示される側になってしまうのです。

過保護な両親とのバランス

10代の頃の私はよくいじめられていました。そのためにトレーニングやボディビルに励み身体を鍛えました。その結果、誰も私を煩わす人はいなくなりました。誰かがあなたをいじめるとしたら、それはあなたがある分野で本来の能力を発揮していないことを意味します。

なので、誰かがあなたの人生にちょっかいを出してきたら、そのちょっかいを受けたことに関連する分野で何か力をつけるチャンスだと思ってください。

もう1つこういうシナリオもあります。遊び場であなたが誰かからいじめられているとしたら、それはあなたが、学校の教室で彼らをいじめているのかもしれません。あなたがクラスの人気者で学業も優秀だとします。あなたをいじめた彼らは、そんなあなたのようになろうとしてもなれないので、あなたに打ちのめされた感覚になっていたのです。

つまり、あなたはそれと知らずに、彼らを痛めつけていたわけです。あなたが人生のある分野で冴えないと、人生はあなたが力を発揮できるような分野を用意しているものです。あなたは自然とその分野に導かれ、遂にそこで力を発揮します。

もし誰かがいじめられていて地面に押さえ込まれていたとすると、それはその人が甘やかされて育っている可能性があります。もし親が子供のしつけをしっかりしないのであれば、代わりに警察がその子に対して行うことでしょう。両親が子供を過保護に育てると、いじめっ子がその子に乱暴します。

私が6歳のとき、近所に病弱な男の子がいました。彼の両親は病弱なその子を過保護に扱っていました。あまり外で遊ばせず、陽が照っているときは絶対に遊ばせませんでした。

その結果、その子は子供たちみんなからのけ者にされました。他の子は、その子を突き飛ばしたり、自転車で追い回したりしました。またその子を蹴ったり、本を破ったりもしました。こうして、子供たちはその子を常にいじめていました。その子の両親がその子を守ろうとすればするほど、周りの子は、その子を親の手から自由にしようとしたのです。

いじめっ子たちは、その子にとって過保護な両親とのバランスをとるために存在したのです。


人生では、あるものを得たとき、別のものも同時に得ます。この2つを一緒に見ることが人生の真実を理解する鍵になります。

感謝とは、バランスのとれたものの見方のことです。

自分にとって都合の良いことだけが、自分の助けになるのではありません。つらいことも大切な人生の一部なのです。ですから私は人生のコインの両面に感謝しています。

物事がスムーズに運び、自分の思ったとおりに進んでいるように見えるとき、人は「わぁ、ありがとう、ありがとう、ありがとう」と言います。そして、物事がうまくいかず、自分の価値観に反したことばかりが起きているように見えるときは、「ああ、なんてこと、もう、なんてことなの」と言います。
都合の良いことととそうでないことが同時に起こりバランスが保たれているときは「ありがとうございます」と言い、心から感謝します。このとき、いつもは隠れている天の秩序が姿を現します。これが真の感謝の魔法です。

すべての物語には2つの話がある

私たちが自分自身を鍛えて、この隠れた秩序と物事のバランスをはっきりと認識できると、**ネガティブな出来事など存在しないことがわかります。そして、純粋にポジティブな出来事というのもないことがわかります。ただ出来事があるのみです。私たちが出来事を解釈してラベルを貼るまで、すべての出来事はニュートラルです。**

たとえば、雨が降ると、農家の人たちは雨がかんばつを解消してくれるため感謝しますが、美しい花嫁は人生の晴れ舞台が台無しになったと悲しみにくれます。雨は良いものでもなければ悪いものでもありませんが、雨が降って欲しくないときに降ると嫌うのです。

逆に、雨を待ち望んでいた場合は、天が私たちの祈りに答えてくださったと言って称えます。このことを理解すると、もし状況によって自分が傷ついたとしたら、それはまだメリットの部分を見ていないからだと気づいて、心の中に感謝とともに本来のバランスがとれるまでそのメリットを見つけることです。

以前、東南アジアで発生した津波には、デメリットと同じくらい多くのメリットがありました。しかし、センセーショナルなこと、人々の不安や恐怖に関連したことに人々の関心が集まるため、メディアはデメリットの部分だけを強調して報道し、メリットの部分を報道しません。そのため、私たちの多くはそのメリットの部分について耳にしないのです。津波が発生した直後に、私はそのメリットとなる情報を収集し始めました。

たとえば、津波によって、その地域はすっかり波に洗われてしまいましたが、最終的に海水が引くと、穀物はこれまでより急速に成長し、しかも栄養分に満ちていました。自転車業界は大いに需要が伸び大好況となりました。それからがれきの撤去作業や復興に向けた建設ラッシュで、建設産業も好景気に見舞われました。

不謹慎かもしれませんが「これを起こしてくれたことに神に感謝します。本当にこれ以上ない最高のことが起こってくれた」と言う人たちが実際にいたのです。沈んだ人もいましたが、上昇した人もいたのです。私たちの耳に入るのは、ネガティブなストーリーばかりです。大損害についてはよく聞こえてきます。しかし、アイルランドのことわざにあるように、すべての物語には2つの話があるのです。

世界最大規模のすばらしい救助活動は、この悲劇から起こりました。人生の目標を持たずにただ暮らしていただけの数千人の人が、大きな目標に目覚めたのです。彼らは世界で何かをするというモチベーションに駆られました。これまで夢にも思わなかったことを自分ができると気づいたのでした。

私は恩恵のない危機などないと信じています。誰かが悲惨なことが起こったとレッテルを貼ったからと言って、それが本当にそのとおりであるとはかぎりません。それは、その危機の裏に隠されている部分を見つけるのに十分な時間をとらなかったという意味でしかありません。

だからといって、その災害や非常事態に何も対応しないでよいと言っているのではありません。この事態に対応している人は、もちろん生存者の救出をして、目の前の問題を解決していくことは大事なことです。そうした対応はとても重要ですが、一方でこうした状況のもう1つの側面を忘れてはなりません。両方の側面を正しく見ることができれば、この状況に反応するのではなく、賢明な行動をとることができるはずです。そうするのとしないのとでは、大きな差があります。

危機の裏に潜む恩恵

2001年9月11日、私はオーストラリアのシドニーに着陸中の飛行機内にいました。突然、フライトキャプテンから、ニューヨークの世界貿易センターとワシントンD．C．の米国国防総省（ペンタゴン）について、アナウンスがありました。私の最初のリアクションは不安と胡散臭《うさんくさ》さを感じるものでした。乗り継ぎのためカンタス航空のクラブラウンジに入ると、誰もがテレビモニターに映された衝突と爆発の録画映像に見入っていました。

国際電話は通話が殺到し、私は数日間アメリカと連絡を取ることができませんでした。この出来事が発生した当時、妻のアテナはニューヨークに住居のあるトランプタワーにいて、相当ショックを受けてはいましたが、無事でした。

搭乗予定のオーストラリアのパース行きの便に遅延が生じたため、私はこの出来事についてゆっくりと考えてみることにしました。そこで、この世界を震撼《しんかん》させている出来事について、恩恵と捉えられることをリストアップして書き出しました。

一見すると、この計画的な出来事は、得るものがない損失ばかり、平和のない戦争ばかり、生命の誕生のない死ばかり、光のない闇《やみ》ばかり、構築のない破壊ばかりであるように見えます。

しかし、それは真実ではありません。恩恵を伴わない危機などは絶対にないのです。これだけの惨事なので、その恩恵は非常に深遠なものになっています。ここに紹介するのは、空港で私が封筒に書き残したこの出来事の恵みとれるリストの一部です。

・アメリカの家族がより一体感を持つようになる
・アメリカの家族間でのお互いへの感謝の思いが強くなる
・団結力を示す中で個人それぞれの一体感が世界的に展開
・ニューヨーク市の再建と改善
・悪の行為とのバランスを取るため、英雄的な勇気に満ちた行動が増加
・殺人と自殺の件数が減少
・ニューヨーク市の交通量と交通事故犠牲者の減少
・内面の抑圧されていたものが表面上に現れることによる家庭内暴力が減少
・離婚率の減少
・家族の口論の回数の減少
・自宅待機させられた人がお互いを愛し認め合った結果、愛の営みが増えて出生率が増加

・NY現地事業部のスタッフのことを慮る世界規模での一体感
・世界規模での祈り
・世界規模での抱擁
・世界規模での親切
・世界規模での対話
・世界規模での平和的な瞑想
・世界規模での心からの愛の言葉
・世界規模でのアメリカに対する評価
・世界規模での礼拝
・「テロリズム」に対する理解の深まり
・アメリカの愛国心を示す姿勢の高まり（アメリカ国旗の掲揚が増加）
・他国の価値観とニーズへの探究心と理解の深まり
・アメリカの脆弱《ぜいじゃく》性の実態への警告
・深い内省と自己確認にいたったアメリカの謙虚な気持ち
・過大評価されていた不動産価格の反落

リストはこれだけではなくもっとあるのですが、それでも私の言いたいことは伝わったと思います。あらゆる出来事には2つの側面があります。すべての危機には恩恵が伴い、混乱のあらゆる瞬間にも気分を一新する静けさがあるのです。そういう理由から、私は9月11日の出来事を単に破壊的なものとして見ないようにしています。

1つの大きな変化として捉えています。ある意味、Grand Organized Designとしての神（GOD）を見る機会を与えてくれたのだと考えています。なぜならGODの意思はバランスだからです。

一方には破壊と戦争があり、他方には再建と平和がある。分裂と統一、離脱と連体感、親切と虐待、これらは手をとりあって一緒に歩いているようなものです。これはまるで宇宙の法則が意図してバランスをとっているかのようです。

パッと見ただけでは、だまされてしまうことがありますから、もう一度見ます、今度はよーく深く見るようにします。そうすると、すべての大きな試練には、さらに大きなチャンスがあることがわかります。

天の意図を知るために、必要なことは何でしょうか?人生は完璧な傑作ではないのですか?心の中を見つめ、私たちの前に待ち受けているバランスの贈り物に目を向けてみてください。壮大なGrand Organized Designの前に謙虚になってみてください。

人生を変えるほどの出来事に対して

アメリカ在住の人であれば、9月11日の出来事の一方に偏った情報だけを受けて、ひどい、理不尽な出来事として捉えたことでしょう。おそらくアフガニスタン人の過激派グループを悪とみなしたことでしょう。

しかし、世界貿易センター内に突入した人物とその支持者は、明らかにこの出来事を良いこととして捉え、アメリカ人こそが悪だと認識していたのです。彼らはこの出来事を「すばらしい」こととして祝い、アメリカのこれまでの悪行に対する報復だと思ったのです。

私は世界を旅したとき、さまざまな国の人たちから9・11について両方の意見を耳にしました。私と話した多くの人々はアメリカの生活様式について、複雑なあるいは否定的な印象を抱いていました。アメリカの生活を「貪欲《どんよく》な資本主義であり資源消費システム」と言う人もいました。多くのヨーロッパ人は、アメリカの支配的で威嚇的なやり方や手段を嫌っています。

私は両方の側面を見るようにしていますから、真実を見る目を研ぎ澄ますために今回のような両方の視点からの意見が得られたことに感謝しています。どちらの意見にも真実の一部があります。両方とも、光の面と影の面を持ち合わせているのです。

人生を変えるほどの出来事に対して無分別に対処する前に、自分自身を深く見つめる必要があります。そうでないと、それは私たちが心に愛を抱いていない状態のままその出来事に反応してしまうことになるからです。

私たちは、社会的にも個人的にも自分の中の認めたくない部分を、人生で体験するようになっています。何かを変えたいなら、暴力を通して報復することより、相手を愛することのほうがはるかに効果があります。

相手を愛することが、自分の助けになるのです。自分の敵は自分自身です。感謝の魔法の力に気づいてください。

人を指差すことは？

アメリカは今、自分の影に直面しています。しかしまだ、アメリカはかつて非難されたやり方を踏襲しています。私たちが二度とやらないと言ったことを、不思議と自分に引き寄せてしまいます。自分たちが非難したものを、私たちは生み出し、自分たちが非難したそのものに、私たちはなってしまう。

私たちはこの世に愛と感謝することを学びに来ました。そのために天はさまざまな方法で、そのことを私たちに教えてくれます。

人を指差すと、そのとき他の3本の指は自分を指しています。私たちが何かの思想や宗教、サブカルチャーあるいはもっと小さな社会的グループに対して何らかの強硬な反応をとるのは、私たちが自分自身の一部を愛していないことを意味します。それらは、まさに自分自身の愛していない部分を反映したものなのです。

私たちが誰かに憧れるということは、その人を自分より上位に置き、自分自身の賞賛に値する特徴を認めていないことになります。誰かを軽蔑するということは、その人を見下し、自分には浅ましいところは何もないと堂々と公言していることになります。

最初はそうしたことになかなか気づくことはできません。それに気づくには、正直に評価する姿勢が必要です。そのためには、他人や自分自身の中にあるそうした特徴を愛して解放してあげることです。特徴は消し去られたり非難されたりするものではなく、ただ理解され愛されるものだからです。

私たちが他者の中に認めたものは、私たち自身の中に存在しています。誰もがまさしく自分の鏡です。見る人、見ている相手、見られている人は、みな同じなのです。外に現れた現象は自分の心の内にあるものの反映です。最初は、あなたが見ているものを認めたくはないでしょう。しかし、より深く見ていけば真実が明らかになるはずです。

独裁者は悪い人ではない

私たちをお互いに相対する立場に分けて衝突させている問題は、たいていの場合が権力闘争によるものです。あまりに巨大な権力を持っている人も、ほとんどそうした力を持たない人も同じように人生に課題を抱えています。

家庭ではスピリチュアルや家族の目標に重点を置いていて、ただ平和であることだけを願っている人は、暴力的な人を引き寄せる可能性が高いです。学歴や仕事またはあまりお金を持たず、社会との関わりを持たず、反抗する力を持たない人は、激しく打ちのめされる可能性が高くなります。

こうした状況は、そうした彼らに立ち上がり成長させてくれるきっかけとなります。彼らはもっと強くなり、そして自分が望むものを決めなければなりません。人生のどんな分野だろうと、非常に厳しく困難な状況から這い上がって克服している人が必ずいるのですから。

これは国家についても同じことがいえます。その国の特徴である文化を人生の7つの領域（「スピリチュアル」「メンタル」「仕事」「お金／経済」「家族」「社交／人間関係」「身体／健康」）に当てはめて考えてみましょう。

その国ではほとんどの国民がスピリチュアル性と家族を大切にしている文化があるとします。しかし、知識を学ぶ学校教育（メンタル）やビジネス産業は発達せず（仕事）、国民の経済レベルは低く（お金／経済）、社会との関わりも限定的で他国との国交もなく孤立しており（社交／人間関係）、軍を持たず医療体制も整っていない（身体／健康）。こういう国は、一部の独裁者／権威者に実権を握られている傾向にあります。

実は独裁者は、悪い人ではありません。均衡のとれていない文化の副産物なのです。ヒトラーが600万人のユダヤ人を殺したと言われていますが、彼が1人で実際に出かけて行って600万人もの人を殺害したなんてことはあり得ません。ヒトラーが命令を下し、数千人が彼に従って出かけて行き、600万人を殺害したのです。

私たちが歴史を誤って解釈していることは往々にしてあり、それはほとんどの歴史書がバイアスのかかったものであるためです。もし出来事の両面に気づくことを理解したなら、これまでの誤った解釈を正すことができるようになります。

ある1つの思想を持ったグループに入り、自分はそのメンバーの一員であり、選ばれし者、自分たちが唯一正しく、他は間違っていると考える人たちは、社会から攻撃を受けます。このパターンは、何世紀もの間、歴史を通じて起こっています。そして、これは現代でも見られる傾向です。彼らは自分たちが選ばれたものであるかのように考えるため、常に攻撃を受けるのです。オーストラリア人はこれを「出る杭《くい》は打たれる症候群」と呼んでいます。

傑出した人物は、とかく非難の対象になります。自分は特別で、唯一無二で、周りからなかなか理解されないと考える独善的な人たちは他人から攻撃されるものなのです。

被害者意識は持たない

少し前に、ボーイフレンドがアルカイダのメンバーだという南アフリカの20歳そこそこの女の子をカウンセリングする機会がありました。**彼女はボーイフレンドに脅えており、統合失調症の徴候を示していました。明らかに2人ともちょっと極端な考えを持つ傾向がありました。**

でも、だからこそ2人はピッタリとマッチしていたのです。だから付き合ったのでしょう。彼女のカウンセリングの期間中、少し危険なときがありました。**彼のことを私に話したのが知れたら、彼に殺されるのではないかと彼女は心配していました。**

私たちが、彼女の「被害者と加害者の関係」に対しての認識について話し合った結果、彼女は本来の力と自信を取り戻しました。彼女が弱気になると、この種の人を引き寄せてしまうこともわかりました。

本来バランスが取れていることから予想はしていましたが、やはり彼女の周りには彼女を支えて守ってくれる人たちがいました。そこで、この男性が彼女に試練を与える役割になっていたのです。彼女がやるべきことは、両方の面を統合することでした。そして彼女にそれができたとき、彼女の人生は変わりました。

彼女は彼に立ち向かい、「あなたとデートするつもりはないわ。私を殺すつもりならどうぞ」と言い放ちました。彼女は彼のもとから去り、二度と彼との間に問題を抱えることはありませんでした。それは、彼女の中での1つの確信が、すべてを変えたのです。

これと同じようなことが家庭内暴力の被害者にも言えます。私がこういうことを言うと、一部の人から攻撃を受けるのですが、それでも私はこう信じています。非力な被害者は、両極の1つの極であるにすぎないと。被害者は自分の弱さがその状況を自ら作っているのだと。力強くいる人は、被害者になるようなことはありません。感謝の魔法は、あなたに力を与えるだけでなく、相手に攻撃する気をなくさせます。

被害者意識は、誰かが自分に何かしたと思い込むものです。私はそれは正しくないと思っています。

私を信じないなら、ブレイクスルー・エクスペリエンス・セミナーに参加してみてください。そうすれば、ディマティーニ・メソッドを体験することで、被害者と加害者といった意識が消えてなくなるのがおわかりになるはずです。そのセミナーで私が最初にする質問は「その人があなたにした最もひどいことは何ですか？」です。それから「それと同じひどいことをあなたはどこで、誰に、どのようにやったのでしょうか？」と尋ねます。

この質問を通して、あなたに自分が軽蔑するすべての特徴をあなた自身が持っていることに気づいてもらいます。そうです。その嫌な特徴はすべてあなたの中にあるのです。

そしてそれらはすべて、あなたの役に立っています。1つの例外もなく、あなたが嫌っているすべての特徴がです！そうして、あなたはこの世に誰一人として、許す必要のある人などいないことに気づきます。この世界にあるのは、ただ愛だけだということに。

数年前、ボトルで頭を殴られ18回刺されたという女性のカウンセリングをしたことがあります。1時間のセッションで、ディマティーニ・メソッドを使い、彼女の受けた痛みが深い感謝と愛に変わりました。

彼女は自分に起きたことの中に秩序を見出し、その出来事に感謝しました。彼女は、もはや犠牲者ではありませんでした。彼女は私とラジオ番組に出演し、何千人ものリスナーと彼女の体験をシェアしたのでした。彼女は再び生きる力を取り戻し、人生を変えていったのです。

起こったことが重要なのではありません。重要なのは、その出来事をどう捉えるかです。私はこれまで近親相姦を受けた人、大切な人を殺害された人、強姦された人たちがディマティーニ・メソッドを通して、それらを受けた苦しみが愛と感謝に変わっていくのを何度も見ています。それはまさに感謝の魔法の効果です。

苦しみが愛と感謝に変わる瞬間を見ることとは、本当にインスパイアされる体験です。私は、そういう体験をもう何万回もしてきました。あなたがこれまでずっと抱えてきている自責の念や罪の意識、恥と思っていることを感謝に変えたいというなら、ぜひともブレイクスルー・エクスペリエンス・セミナーでその方法を学んでください。

被害者意識をこの先もずっと持ち続ける必要はありません。なぜなら、それはあなたに生きる力を与えることもなければ、あなたの成長に必要なものでもないからです。錯覚を信じてしまうと、真実を見る勇気を奪われてしまいます。

第７章まとめ

・自分と正反対の意見は、自分が「思い込みに固執」しているのを教えてくれている
・「英知」とは、あらゆる出来事や人々の両方の側面に目を向けること
・「無知」とは、物事の片面だけに目を向けて、もう一方の面を無視してしまうこと
・人生における支持と試練は「完璧なバランス」が取れており、どちらも必要である
・心配や不安は「幻想」にすぎず、人生においてそのようなアンバランスは生じ得ない
・「世界の半分」は自分と合わないもので「残りの半分」が自分と合うようになっている
・私たちが「幸せ」と呼ぶ、良いことばかりの一方に偏った状態は幻想である

第8章

感謝が持つ
奇跡のヒーリングパワー

自分の身体の好きなところと嫌いなところ

この地球上に数ある中で最高の芸術作品といえるのは人体です。私たちの身体は、非常に荘厳で美しく精密かつ複雑にできていて、なにより神聖なものです。でも、私たちはこのことに感謝しているでしょうか？中には感謝している人もいるでしょうが、ほとんどの人はこのすばらしい贈りものを当然のことのように思っているのではないでしょうか？

自分の体型が、やれ太っているだの、やせているだの、背が低すぎる、背が高すぎるといった不平を述べる人がいます。彼らは、身体の見事なまでにバランスのとれた完璧性は無視して、鏡の前に立っては、身体の見た目の不完全さに目を向けてため息をついています。

誰もが自分の身体の好きなところと嫌いなところを持っています。私がこれまで数千人の人と仕事に関わってわかったことは、自分の身体で嫌いなところがある人は、必ず好きなところを持っていることです。

身体のある部分にがっかりすると同時に、別の部分を自慢に思っているわけです。自分の太ももが嫌いだという人が、目は大好きだったりします。自分の細い髪が嫌いという人が、肌は好きと言っていたり。身体の体型が嫌いという人が、自分の唇の形や笑顔を気に入っていたりします。

自分の身体の特定の箇所を悲観する人がいますが、その理由は自分を雑誌の表紙モデルと比較して、自分もこうあるべきだと幻想を抱いてしまっているからです。でも実は、身体の特徴は、私たちに謙虚な気持ちを持ち続けること、それから成長し続けることを悟らせるためにあるのです。

自分について好きなところしかない人は、うぬぼれて高慢になり、周囲の人たちと疎遠になってしまうでしょう。あなたは、すべてがパーフェクトで欠点が1つもない人をご存知ですか？

もしいたら、そんな人からはできるだけ早くおさらばしたいと思うのではないでしょうか。自分のことを完璧だと思うと、他人となじむことができず、孤立してしまいます。一方で、自分について嫌いなところしかない人は、周りの人に対して卑屈になりすぎます。

私はカナダでスーパーモデルをカウンセリングしたことがあります。私は彼女を頭の先からつま先まで美しいと思っていたのですが、本人はそう思っていませんでした。彼女は自分の身体全体の半分のパーツが嫌いだと言っていました。何が気に入らないのでしょう？

彼女によれば、ある角度から見ると、片方の目が脇のほうに寄っていると言うのです。

それから、左右の胸のバランスが取れていないとか、片側の眉を抜きすぎたため薄くなっている、歯が1本曲がっている、または片側の髪にくせがあるなど、いろいろとあがってきます。もう私の言いたいことはおわかりだと思います。

彼女の身体には彼女が好きなところと嫌いなところがバランスしているのです。

どんな人でも、自分自身について、好きなところと嫌いなところ、あるいはすばらしいところと嫌悪するところを持っているものです。そしてその割合は50対50となっているはずです。そして、その好きなところも嫌いなところも、両方ともあなたの人生であなたに役立っているのです。

大切なのはこのバランスを認めて感謝することです。そうすれば、感謝の魔法は、その美しくバランスのとれた身体を覆ってくれるでしょう。愛するということは、素敵なところとそうでないものの両方を認めることなのです。

障害は贈りもの

自分の身体に感謝するとは、そのままの身体のすべてに感謝するという意味です。**何らかの障害や奇形を持つ家族がいる人にとっては、感謝するというのは難しいと思う人もい**

るでしょう。しかし、どんな障害を持っていようと、必ずそのことがその人にとって利点となっています。なぜなら障害は贈りものだからです。

私は脳に障害のある少女を診たことがあります。彼女は唾液《だえき》を垂らしてほとんどいつも笑っていました。彼女が泣くところを見たことがありませんでした。彼女の家族は彼女のことで悲しんでいましたが、本人はほとんどいつも笑っていました。

彼らは「なんてことだ、どうしたらこの子はこんなにいつも楽しそうで幸せそうにしていられるのか?」と言っていました。彼女がすることといえば、笑うことと遊ぶことだけでした。彼女は全く否定的な感情を持っていないようでした。つまり、家族は彼女のことでずっと悲観し、当の本人はいつも楽しく幸せそうにしているわけです。まさにこれは家族へのバランスのとれた贈りものだといえるのではないでしょうか?

別の患者に、小児麻痺を患った若い女性を担当したことがあります。脚があまりにも小さくほとんど無いに等しいものでした。でも、彼女には身長6・6フィート(約2m)、体重約300ポンド(約136kg)の夫がいて、彼は常に彼女を連れ歩いていました。彼は彼女を文字どおり腕の中に抱き、一緒にいろいろなところに出かけました。

誰もが「わあ、なんと美しいカップルだろう」と思いました。宇宙はこの予期せぬ形の愛でこの2人を引き合わせたのです。彼女は身体に奇形はありましたが、彼女は美しい目、美しい髪、美しい顔立ち、美しい微笑み、そして美しい作法を身につけていました。自然は誰にでも必ず何らかの利点を与えてくれるものです。もう少し例をあげていきましょう。

実は、私も身体的にちょっとした奇形を持って生まれました。私の足と私の手は曲がっており、ギプスを装着する必要がありました。私は心から走りたい、脚をまっすぐにしたいと思っていました。幼い頃、曲がり角まで行って夕方6時に帰宅する父を待ち、まっすぐに走ることができることを父に見せるためだけに、家まで父と競走していたものです。

それから私は野球をやりたいと思いました。規則では8歳でないと野球チームに入れません。私は7歳なので本当ならチームに入れません。しかし、私はチームのコーチに、プレイさせて欲しい、バットボーイをさせて欲しいと頼みました。私は本気で走る決心をしていました。そして、私に年上の子供たちと一緒に練習でプレーさせてくれたり走らせてくれたりしました。

それは私にとって最高に嬉しいことでした。彼らがボールを打った後に、バットを放ると、私がそのバットを取りに走ります。それが私にとっては、野球で何か重要な役割をしているんだと感じさせてくれたのでした。私はバットを取りに行くという機会を持てたことにとても感謝していました。

8歳の頃、私はリトルリーグでプレイするようになりました。10歳になる頃は、コーチが規則を破って私を11歳と12歳の子供のオールスターゲームに出られるようにしてくれました。この特別な配慮を受けたのは私だけでした。

そういう特別な配慮を受けた理由について、それは私が走る機会にとても感謝していたこと、他の人よりも一生懸命に練習し、努力したからだと確信しています。

私は一生懸命走りました。誰よりも長く投げ込みをしたし、キャッチングの練習をし、打つ練習をしました。私は誰よりも野球をプレイしたかったのです。私はそうしてより多くのプレイする機会をもらえることに心から感謝していました。最終的に私は、自分の年齢のグループより上のリトルリーグのオールスターでピッチャーをするようになりました。私は最も安定したピッチャーの1人であり、「奪三振王」と呼ばれるようになりました。

私が言いたいことは、感謝の魔法によってスキルが上達し、昇進することができたということです。そうでなければ、まずそういう結果は得られなかったはずです。

私は学業では芳《かんば》しくありませんでしたが、スポーツでは優れた成績を収めることができました。このことに私はとても感謝していました。今思えば、早い時期から感謝の魔法を自分の人生に取り入れていたのだと思います。

あなたの外見の裏にある願望

非常に多くの人が、喫煙や不健康な食品の摂取、運動不足などにより、自分の身体を破壊する道をまっしぐらに進んでいるように見えます。**彼らの多くは、そうした行為が将来の疾患に自らを導いていることに気づいていません。たとえば、肥満症。太りすぎの人は、そうなる原因となる行動があるのですが、その行動にはそれをする動機が必ずあります。**

私のクライアントの女性に、食事をとることが愛を受け取る儀式であるかのように捉えている人がいました。

なぜなら、彼女は子供の頃、いつも父親の膝の上で食事を食べていました。そして、彼女が父親から愛を感じていた唯一の時間がこの食事のときだったのです。彼女にとって食べ物は父親の愛と関連しているために、彼女は無意識に食べ続けていたのでした。そこで、彼女はディマティーニ・メソッドを使ってこの感情面を解決し、その後すぐに彼女の体重は減少し始めました。

私のもう1人のクライアントは、とてもやせていて魅力的な女性でした。しかし、彼女の夫は多忙を極めていて彼女に十分な関心を向けなかったため、自分に気を向けてくれた別の男性と関係を持ってしまいました。そしてその浮気が発覚しそうになったとき、彼女はとても後悔しました。

そこで彼女は自分が魅力的でなくなるように髪を切り、体重を増やしました。なぜなら、彼女は他の男性と一緒にいるとき、自分がまた同じことをしてしまうのではないか？そしてそれによって家族を崩壊させてしまうのではないかと怖れたからでした。

別のケースに、マイアミの大柄な女性の例があります。彼女は自分の体型を嫌っていて、体重が標準より30~40ポンド（約14~18kg）オーバーしていました。太りすぎなのには、必ずそうなる隠れた動機があります。そこで私は「太っていてよかったことは何ですか？」と尋ねました。

初めは私の質問にショックを受けた彼女でしたが、自分がそれまで気づいていなかった理由が徐々に明らかになってきました。

彼女は弁護士で、開業した当初、非常にやせていて魅力的でした。彼女のクライアントの多数は男性でした。彼らの妻たちは彼女の美しさに脅威を感じ、夫に彼女とのビジネスを一切打ち切らせました。彼女はそのことを知ると、無意識に体重を増やし、眼鏡をかけ、魅力的でないようにし始めたのでした。それはビジネスを維持するためでした。

彼女は体重が増えたのは、目的があってのことだったと気づきました。そして、そのおかげで仕事を維持でき家族に役立っていることができていたのです。彼女は体重オーバーしている理由をできるだけたくさんあげて、それまで自分が嫌っていた太りすぎの状態に感謝することができました。

この後、私たちは彼女がもとの魅力を取り戻してなお、仕事を維持する方法について話し合いました。彼女は、その方法を実行し、その結果体重も減り始めたのです。それはすべて彼女の意識の問題でした。

事故とトラウマを引き寄せる理由

ヒーラーには2つのタイプがあります。私たちが落ち込んでいるときは、コメディがヒーラーの役目を果たしますが、私たちが躁《そう》の状態だったり、理性を失うくらい喜び勇んで興奮しているときは、悲劇がヒーラーの役目を果たします。**Injury（損傷／ケガ）とはJury from within（内部の負傷）を意味していて、トラウマや悲劇などが人生で起こるのは、私たちが喜んで興奮しすぎているとき、それを調整するためであったりします。**

先日、ある大手企業のCEOがヒューストンの私のオフィスを訪れました。彼は1年で2回の飛行機墜落事故に遭遇し、最後の事故では命を落とすかもしれなかったそうです。

私「飛行機のエンジンが故障した瞬間について教えていただけますか？何をしていましたか？何かに興奮していたり、何か嬉しいことがあって舞い上がっていませんでしたか？」

彼「ほう、なんでそれがわかったのですか？いや実は、エンジンが故障するまさにそのとき、シャンパンのコルクを開けてお祝いするところだったのです。我々はプライベートジェットの後部にいたのですが。私はちょうど4000万ドルの契約を結んだところでして。これで1100万ドルの利益になるということで、私は嬉しくてシャンパンを持ってパイロットに言ったんです。『限界まで飛んで連れてってくれ！』と。それでパイロットもそうしたんですが、そしたらエンジンが吹っ飛んで…」

彼には躁なところがあって、誇張する癖があり自分を大きく見せるところがありました。このため彼は、自分をもっと謙虚にさせる状況を引き寄せてしまったようです。

私「もう1つの事故のときはどうでした？」

彼「そういえば、それも別の取引を結んだ後に起こりました。そのときも我々は喜びまくっていました」

事故とトラウマを人生に引き寄せることについてまだ疑いがあるなら、この次の話はおそらくもっと説得力があるでしょう。

私がカイロプラクターとして活動していた頃の話です。1年で4回もの自動車事故に遭った患者がいました。考えてもみてください。どうしたら続けざまに自動車事故に4回も遭うのでしょう？その答えは、次に紹介する女性の例でおわかりいただけます。

結論から言えば、その女性は幻想の世界に生きていたため事故を生み出していたのでした。彼女には優秀な姉がいて、両親は自分よりも姉のことを誇りに思っており、そのために彼女は両親が自分のことを気にかけてくれないのだと思っていました。彼女は、家族から「ドジ」な人間と思われているとも感じていました。

ところが、彼女が自動車事故に遭ったとき、両親が見舞いに来てくれて、彼女に特別な注意を払ってくれました。姉も見舞いに来てくれました。その事故でお金も受け取りました。つまり、彼女は交通事故を起こしたことで、これらすべてを手にしたのです。

そしてある日、私が彼女にケガが回復したこと、これからはもう定期的な治療も必要ない旨を伝えたちょうどその日の夕方、彼女は次の自動車事故に遭い、再び診療所に戻ってきたのでした。

こういうことが、続けて4回も起こったのです。**私は彼女の無意識にある動機がこうしたことを起こしていることに気づきました。彼女の無意識の中に、交通事故が彼女と両親を近づけてくれる。そして、自分が両親の注目を受けることができるという考えが生まれていたのです。**彼女がこう信じるかぎり、彼女は次から次へと事故に遭い続けるでしょう。

4回目の事故の後、私はついに彼女の両親に話しました。

「このままでは、私はこれ以上、娘さんの治療を引き受けることはできません。全く別の方法で彼女の回復をはかる必要があります。彼女はこのままだと永久に自分の身体を破壊し続ける方向へ進むと思われます。そして、私はそれを手伝うわけにはいきません。彼女は、経済的理由それからご両親とのことが理由で事故を作り出しているように思います。大切なのは、娘さんに対してあなた方の愛情を最初の事故のときとは違う形で表現してあげることです。

ただし、娘さんの自暴自棄と負傷のパターンを助長したり、認めるようなことがないよう注意してください。娘さんの価値観と彼女が進みたい分野の彼女の強みを認めてあげることに集中することをお勧めします。娘さんはご両親がお姉さんの学業成績や事業の成果を誇りに思っていることを感じていますが、彼女自身の創造性やその他の社交性や芸術的な才能は誇りに思われていないと感じているようです。娘さんは、ご両親が間接的に、そして無意識のうちに彼女に表している失望を感じ、お姉さんがヒーローに思えているのです」

彼らは娘のそうした思いに気づいてからは、彼女ならではの才能にこれまで以上に目を配り、支援するようになりました。その結果、彼らの娘に対するイメージと彼女自身の自己重要感が安定しました。その翌年、彼女は一度だけちょっとした事故に遭いましたが、それが最後でした。そして彼女は、安定した職につき、多くはありませんが自立していくだけの収入を得るようになったのです。

彼女は、家族の注意をひくためだけに事故を彼女の人生に引き寄せていたのでした。彼女がそれを必要としなくなったとき、事故を引き寄せることもなくなったのです。

もし病やケガの原因が心の中の問題であり、潜在的な動機が理解されず解決できていないのなら、身体的症状をいくら治療しても意味がありません。

もしあなたが内科の医師に相談したら、その医師はこう言うかもしれません。「その症状のバランスをとるため、何らかの薬をとるのがいいでしょう」。また、自然療法医のところに行くと、「その症状のバランスをとるため、薬草をとるといいでしょう」。カイロプラクターのところに行くと「その症状のバランスをとるため、脊髄の調整が必要です」。栄養士のところに行くと「その症状のバランスをとるため、サプリメントをとるといいでしょう」。

これらの専門家全員が、身体にバランスをとり戻すための方法をそれぞれ持っています。**しかし、最もお勧めするのは感謝の魔法です。自分の意識の中にある本来のバランスを目覚めさせるのが、身体に最もよい影響を与えるからです。私たちが完全にコントロールできるのは、私たちの意識です。**

もし、自分の人生をコントロールしたいのなら、意識の中でバランスをとる、つまり感謝することです。そうすれば自分の身体への命令機能をとり戻すことができます。これは、他の治療法を除外することを意味するものではありません。それらの治療法をこの意識の力と合わせて活用しましょうという意味です。

ほとんどの人が、自分の健康問題について責任を持つのを避け、他人に援助を求めます。彼らはヒーラーに自分の健康をケアしてもらいたいと望んでいますが、自分の人生と健康にとって、感謝と愛のバランスのとれた心こそが最高のヒーラーなのです。

身体はフィードバックしてくれる

ウェルネス（Wellness）の言葉は、健康と疾病の両方の概念が含まれます。夜にピザを丸々1枚食べたら、翌日気持ちが悪くなります。これは、疾病でしょうか？それとも身体が健康へと誘導してくれているのでしょうか？医師によっては、その症状から消化不良＝疾病と捉えるかもしれません。

カイロプラクターや自然療法医は、それは過食を止めさせるために身体が伝えようとしているメッセージだと捉えるかもしれません。はたしてどちらが正しいのでしょうか？

健康と疾病は、どちらもその人の解釈に応じた役目を果たします。そして、そのどちらにも必ず感謝する理由があるのです。

身体は症状を通して、私たちが感謝と愛のバランスがとれた状態からどのくらい近いか、あるいは遠いかを私たちにフィードバックしてくれます。私たちが非現実的な期待や、妄想にしがみついていると、免疫機能を低下させる怖れがあります。ガンが怒りや喪失感、高度のストレスなどと関係していることはよく知られていることです。

感謝の魔法は、生理的な安心感と秩序、そして健全な状態をもたらしてくれます。そして免疫力が増して、神経系にバランスをもたらします。また、細胞が活性化し、水分子が活発になり、全身の機能が再び最適な状態に戻ります。これが、私が感謝と愛こそが最高のヒーラーであると考える理由です。

治癒は感謝することから始める

私はこれまで数多くの患者とセミナー参加者が、感謝と愛の力に目覚めたとき、人生を大きく変える「癒し」を経験するのを目にしてきました。私はかつて、サンフランシスコで乾癬《かんせん》を患った紳士にコンサルテーションしたことがあります。

彼は父親への内に秘めた愛を認めることができず、父親の期待に一度も応えられなかったことを悔やみ不安に苛《さいな》まれていました。彼はディマティーニ・メソッドを使って、この感情を払拭《ふっしょく》しました。その翌日、彼の皮膚は治癒し始め、数週間もしないうちに完全にきれいな状態になったのです。

この他にも、私は円形脱毛症の人が、感謝の魔法の力で心を開いたとき、毛髪がもとのように生え戻ったのを見ています。他にも風邪やインフルエンザの症状が消えたり、顎関節症が治癒したのを目にしました。それから怒りや憤慨を自分自身で晴らすと、免疫系が正常に戻ることも確認しています。

こうした治癒は、すべて感謝することから始まります。そのとき、私たちの身体は最大限に機能するのです。身体に疾病があるということは、心に疾病があるということです。私たちが何かを失ったとき腰痛になり、重荷を抱えているとき、肩が知らせてくれたりします。

このように身体は、私たちが何かアンバランスな考えを持っていることを教えてくれているのです。そして、私たちが感謝して心のバランスをとった瞬間、身体は反応し正常に戻ります。心が本当に感謝した瞬間、生理的な変化が始まるのです。

身体の右側をよくケガする人は…？

ときに病は、私たちに「愛と感謝」に関する課題を発見するのを促してくれます。ちょうど2日前、ある青年からの電子メールを受信しました。彼は以前ガールフレンドと別れて大病を患いました。しかし、その大病をきっかけに、彼は自分の状況に対する見方を変えることができたそうで、現在は病気も順調に回復しているそうです。

その彼が病院から私に送ったメールの一部を紹介します。「僕は最近、人生における課題を与えられました。僕はこの2カ月、病気でした。4人の開業医に診てもらい、病院を紹介されました。僕はこの病気に対する愛を探しています。僕は今回のこの経験を自分を成長させること、それから何年もの間、僕がやりたかったことをすることに活かします。この病気のメリットは本当に大きいです」

私たちが恐怖を感じると、私たちの免疫機能は低下します。私たちが真実をゆがめて捉えると、ストレスを感じます。私たちは横たわると身体に緊張と圧迫を感じますが、感謝の魔法はストレスと障害を取り去ってくれます。感謝の魔法は、すべてはそのままで愛であるという真実に心を開いてくれます。

私はこれまで多くの患者を診てきましたが、ケガのパターンからその原因がおおよそわかります。**身体の右側をよくケガする人は、父親に関する問題を抱える人が多いです。また、左側に問題を抱えている人は、心臓弁が適切に機能していないか、あるいは左下肢が折れている、または左側の鎖骨か肩にケガをしている可能性があります。**

また、母親との関係、父親との関係で課題を持つ場合もパターンが見られます。「私は絶対父のようになりたくない」という人は、最終的に右側に問題やケガを負うという傾向があります。

しかし、それらも感謝の前では、たいしたことではありません。感謝はすべてを癒し、両面にバランスをもたらしてくれるからです。そうすると、あなたは表面的な症状に惑わされなくなります。

あなたが不快に思っていることが解消され、あなたは「今」をより意識するようになります。過去または未来といったアンバランスに生きるのではなく、感謝の魔法により「今」の状態に目覚めるのです。

恐怖と罪悪感の正体

恐怖と罪悪感は、私たちの身体や精神状態に最も動揺を与えるものです。この2つの不均衡な考えは、私たちの活力と生理にマイナスの影響を及ぼす可能性があり、心のバランスを妨げるおそれがあります。これらは生命を脅かす疾病と関連づけることにより、文字どおり段階的に身体を自然崩壊させる可能性があります。

それにしても、この2つは本当のところ一体何なのでしょうか？

恐怖とは、将来に対する歪められたイマジネーションにすぎません。収入より支出が多くなったら、メリットより欠陥が増えたら、プラスよりマイナスの経験が増えたら、あるいは喜びより苦しみが増えたらといった、非現実的に仮定したときに生じるものです。このように、人生の調和とバランスを見ることを拒み、将来に対する不均衡な「投影」から恐怖が生じます。

罪悪感とは、まさに過去の歪められた記憶です。私たちが自分自身または他人に対して、利益より損失、利点より欠点、プラスの経験よりマイナスの経験、快楽より痛みを与

えてしまったという非現実的な仮定を持ったときに生じるものです。過去を振り返って、調和とバランスを理解する気持ちがない場合、過去に対する不均衡な「投影」から罪の意識が生じます。

私たちの感情は意識による認識次第で変わります。物事の完全なバランスを認識できないと、個人を取り巻く環境や疾病の犠牲者となります。逆に、本来の調和を発見した場合は健全な状態に戻ることができます。それは私たち次第なのです。私たちがバランスに気づいたとき、感謝の魔法を経験します。

私たちの生理は恐怖と罪悪感にすぐに反応します。アンバランスな考えは、神経やホルモンの状態をアンバランスにしてしまいます。そしてその結果、細胞エネルギーが歪められてしまいます。この状態を疾病と呼びます。不均衡なものの見方とは、ストレスのことで、ストレスは免疫機能を低下させ、私たちを脆弱にし、多くの心身障害をもたらします。

ストレスによる心身障害の程度の違いにより、欲求不満、怒り、抑圧、無関心といったさまざまな感情が生まれます。私たちが心に抱く非現実的な期待や妄想、幻想がアンバランスなものの見方を引き起こすといってもよいでしょう。こうした期待を現実に引き戻さないかぎり、恐怖と罪の意識に基づく疾患が生じる結果になります。

バランスのとれた感謝

心理学者によっては、うっ積した感情は解放したり、表現したり、放出したりする必要があると主張します。それから、怒りは抑え込まずに吐き出す必要があるとも言います。

私は、それらが真の意味で賢い方法だとは思いません。

私は、これらの感情が本当に意味するところを、また何を伝えようとしているのかを理解して、不均衡な感情を引き起こしている源を解消するほうがより賢明だと思うのです。怒りが伝えようとしていることを知り、その感情の根底に隠れている秩序を発見して感謝の状態にいたるのです。

私は、バランスのとれた感謝を共有することは一方に偏った感情を共有することより重要であると考えています。それから私は感謝を感情とは捉えていません。高揚感とうつ、魅力と斥力、ポジティブとネガティブといった両極にあるものはいずれも感情です。感情は物事の片側半分だけを理解しているときに起こります。私がマイナスより多くのプラス、またはプラスより多くのマイナスを見てしまうと、誤った認識をしてしまい、感情を持ちます。一度に両方を見れば、感謝と愛を感じます。

感謝とは、愛、熱意、インスピレーションを伴いセンター（真ん中）にいる状態です。私はこれら4つを感情とは呼びません。感情とは人に何かを回避させたり、求めさせたりするものです。真の感謝は極性（電荷のプラス／マイナス、磁石のS極／N極など正反対のペアを持つ状態）とは無縁のものです。

私たちが感謝しているときは、心が開かれている状態です。愛は心の中にあります。そして心の中の愛が表現されるとき、私たちの意識はワクワクした状態になり、身体は活力に満ちた状態になります。何かに感謝するようになると、人生をなんとかしようとするのを止めます。何ものにも縛られず自由な状態になります。ただし、感謝には真実のものとそうでないものがあります。

自分に都合の良いことだけに対して抱く感謝は、不完全でありどこか間違っていたりします。真実の感謝は、自分の価値観への支持と試練の両方を等しく受け入れるときに生まれます。支持と試練を同時に認識することが、私たちを感謝の魔法に目覚めさせてくれるのです。

自分の感情をバランスさせる質問を自分自身に問いかけることで、感謝の状態に目覚めることができます。感謝は、絶望といった最も困難を感じている感情さえ払拭する力があります。私たちが絶望を感じているということは、自分が何をするべきか、あるいはどこに行くべきかわからないことを意味します。

つまり、目の前の現実と何か非現実的な幻想とを比較し、結果的に何もよいことがない悪いことばかりだと認識してしまっているということです。それでは窒息してしまいます。しかし、出口はあります。もうそれが何だかおわかりですね。そう、感謝です。

たとえ人生で何が起ころうとも、立ち止まって、「これは私にとってどんなメリットがあるのだろう?自分の本当の目的にどのように役立っているのだろう?」と自問してみてください。何度も何度も問い続けてください。あなたが隠れたバランスと完全性に気づくまで、答えを探し続けてください。

世界は完璧にバランスが保たれており、意識がこの完全な調和に気づくときのみ、心が開かれます。アンバランスな感情は心を閉じてしまいます。健康とリラックスのためのさまざまなヒーリング様式や治療法がありますが、真に健全な状態になるには、すべてが私たちの意識から始まり、心を通して作用すると知っておくことが肝要です。

信念がもたらす奇跡

ヒーリングについて驚くべき例を紹介します。

私が診療所を開業してまもなく、ある患者が紹介されてきました。私はその患者のことを決して忘れることはできません。おそらく、この話を読めば、あなたも忘れることはできないでしょう。

その患者は13歳の男の子です。メキシコの団地の階段で遊んでいたときに、友人に突き飛ばされ、その拍子に階段から落ちて頭蓋骨《ずがいこつ》を骨折してしまいました。それ以来、その子はずっと昏睡《こんすい》状態でした。その子の両親が私の診療所に彼を連れてきたとき、彼は16歳になっていました。

彼の両親はたどたどしく英語を話していましたが、彼らがここを訪れるまでにメキシコとテキサス州の無数の病院を回ったことがわかりました。どの医師の見解も脳に損傷を負った脳炎であり、治る見込みはないということでした。彼を患者として受け入れる医師はいませんでした。

両親たちは他にどこも行くあてがありませんでした。そんな折、私は他の誰も扱わない症例を診ていたことから、「大胆な男」としてヒューストンのヒーリングコミュニティで有名になっていました。そこで、この患者が私のところに紹介されてきたのでした。

初診の日に、私はこの両親が白いシートに包まれた何かを携えて、私のオフィスに向かって廊下を歩いてくるのを見ました。私はそれが何かよくわかりませんでした。また、これから自分が目にするものに対しての心の準備もできていませんでした。

白い包みの中にあったのは、実はその患者の男の子だったのです。彼の身体は、指、手、足指が巻き上げられて硬直していました。彼の鼻には管がつけられ胃につながっていました。家族が彼に与えていたものが豆と米だったため、患者は極度の栄養失調になっていました。

彼はおむつをあてがわれ、排泄物を出すために坐薬《ざやく》をとっていました。16歳の彼の体重は60ポンド（約27kg）もありませんでした。あごに手首と拳が押しつけられていたため、あごの一部が潰瘍《かいよう》化していて、毛髪もところどころ抜けていました。そして彼の眼は動かず一点に留まっていました。

私はどう進めていいのかわからず、文字どおり身体が震えていました。これは明らかに単純な症例ではありません。とにかく私は最善を尽くして彼を検査し、脊椎全体のレントゲンを撮りました。そして、頭蓋骨が脊髄に食い込んでいることがわかりました。おそらく階段から落ち地面に着地したとき、完全に圧迫されたのだと考えました。

その晩は一睡もできませんでした。彼の頭蓋骨を脊椎から引き上げた場合、どういうことが起こるのか?それだけをその夜ずっと考えていました。

翌朝、不思議なことにその日の患者の大多数がキャンセルしてきました。そのため、私は完全にこの男の子に集中することができたのです。その子を診察台に寝かせ、私は彼を調整する準備をしていました。これから何が起こるのかと心配そうに待っている人たちが私を囲んでいました。

その部屋には4人のインターン、別の医師が1人、私のアシスタント、そして男の子の両親と彼の7人の兄弟たちがいました。私は脊髄に食い込んだ頭蓋骨をずっとイメージしていました。頭蓋骨を脊髄から引き上げることが、私がこの若い10代の患者を助けるために思い浮かんだ唯一の方法でした。私は始める前に両親を見上げて言いました。

「息子さんを助けることができるかどうかはわかりません。ただ1つ、私が考えついた方法は、頭蓋骨を調整して脊椎から引き離すことです」

その子の母親が私を見ました。そして、彼女が言った言葉が私の人生を変えました。彼女はこう言いました。

「ドクター・ディマティーニ、もし彼が生きていたら、私たちは喜びます。もし亡くなったら、私たちはそれを受け入れます。でも私たちには他に行くあてがないのです。どうか私たちを助けてください」

このとき私は、無条件の愛の力について再度1から学びました。彼女の言葉で、彼女は私に息子が私の手の中で生きても死んでも許すと許可を与えてくれたのです。もはや私は、進んでそのリスクをとるしかありません。そして調整を始めました。すると私は何らかのトランス状態に入ったようになりました。そしてはっきりと自分が存在していることが認識できていました。それからかつて経験したことのないような強い力で彼の脊椎から頭蓋骨を引き上げました。

それはあたかも宇宙の力が私を通して働いた感じでした。突然、彼の曲がっていた指が伸びました。両手が開き、彼は頭を上げ、眼が開きました。彼は悲鳴をあげて、新生児のように泣き始めました。彼の全身が動き始めました。

その瞬間、彼の家族全員が手をとり、膝をついて祈りました。私はこれを受け入れるのに一瞬時間を必要としました。私は隣のオフィスに入りました。もう1人の医師が私のあとを追ってきて、私たちは向かい合ってテーブルに座り手を取り合って泣きました。2人ともこれまでに見たこともないカイロプラクティック調整を目撃したのです。

それはもう奇跡でした。

私たちが見たものは、生命のない身体に生命をもたらした力でした。

私はそれから毎日男の子を診ました。ほんの数カ月で、彼は20ポンド（約9kg）体重が増えました。食べ物を噛《か》んで飲み込むことができるようになり、鼻の管も取り外しました。坐薬も不要となりました。彼は意識を得て、眼も運動機能を回復しました。

ある日、私が彼の調整を終えたちょうどそのとき、彼はゆっくりと両親のほうに顔を向けました。そして彼の口が動きました。彼の再びコミュニケーションを取りたいという心の奥の切望が「mama」（ママ）と「papa」（パパ）という単語を通して現れたのでした。3年半ぶりに、彼は覚醒した状態で彼の両親と会話を交わしたのです。

私はこの症例から、無条件の愛と感謝について多くのことを学びました。それから、恐怖を経験し乗り越えることを学びました。ある意味、誰も彼を助けなかったときに、私は

そこに居合わせたことは恩恵であったと思います。ほかの誰も試みなかったからこそ、私はその機会に恵まれたのです。私は、限られた信念が可能性のビジョンに取って代わられていくのを目撃することができました

それから毎日、オフィスのスタッフ全員でこの特別な少年を診る前に感謝の祈りをするようになりました。私たちは彼とご縁をいただいたことに心から感謝していたからです。どのカイロプラクターにとっても、患者は贈りものです。その少年は、私にとって贈りものでした。彼は、私の意識と心の中でさらに感謝の魔法を呼びさましてくれたのです。

心を満たす4本の柱

私たちは自分の意識と心の中に癒しの力を持っています。アンバランスな感情は病に導くことしかできませんが、愛と感謝は私たちをもとの健全な状態に導いてくれます。

感謝の魔法には、あなたがふれあう人の人生とあなたの人生を変える力があります。それは、癒し、成長し、心満たされるための鍵となります。心に愛と感謝、それから意識に確信と存在を感じて治療を行うセラピストは、ふれあう誰に対しても治癒力をもたらしま

す。実際に、この4本の柱に沿って医術に携わる人は優秀なヒーラーであり、同じようにその4つをもって治療を受ける患者は回復します。

この世界で最も偉大なヒーラーは「愛」です。ここでいう愛とは、感謝を通して開かれた心の結果であり、偏った見方から生まれる感情によって歪められた恋愛感情などの表層的なものとは異なります。

私は病を健康と疾病の幻想として定義し、健全を統合と定義しています。疾病は単純にヒーリングの裏返しであるともいえます。

愛を否定する考えは、歪んだ認識の現れであって、究極的にはウソです。これは不確かさと何かを正そうとか変えようとする人間の願望を生みます。それはエネルギーの消費であり、これを疾病と呼びます。私たちが抱くあらゆる感情は、生きていく中での不均衡なウソに気づかせようという身体の反応です。

第2の柱は「感謝」、つまりそのままの人生のバランスを完全に認めるということです。感謝の心がないと、私たちは容易に成長できません。感謝は身体の成長と維持に絶対不可欠な要素です。実際、身体はさまざまな症状や病という形で、私たちに感謝することを教えてくれます。

私たちは誰もがあるスピリチュアルな使命を持っています。私たちがここにいるのは、感謝と愛を学ぶためなのです。私たちが人生の7つの領域で行っていることはすべて、程度の大小はあってもこのレッスンを学ぶことだと教えてくれます。そうすることで、私たちは身体的、精神的な可能性を最大限に発揮するようになります。

人生に感謝するとき、私たちは心の扉を開いて愛を光の形で外に現出させることがあります。この光が人間の生理に秩序をもたらします。分子レベルでは、愛と感謝が細胞構造に秩序をもたらしていることが科学的に明らかにされています。

第3の柱は、感謝と愛の副産物である「確信」です。私たちが確信しているとき、過去に対する罪の意識と将来に対する恐怖といった感情に惑わされることはありません。その代わりに、あなたは確かに存在するのです。

それゆえに第4の柱は「存在」です。愛、感謝、確信、存在、これらはヒーリングのドームを支える基本的な4本の柱であり、これらの条件を備えたヒーラーであれば誰もがどのような人にも治癒力をもたらします。つまり、私たちは皆、潜在的にヒーラーだということです。だからこそぜひ、感謝の魔法を呼びさまして、あなたの中のヒーラーを解き放ってください。

第8章まとめ

・誰もが自分の身体の「好きなところ」と「嫌いなところ」を持っている
・人は欲しいものを手に入れるために、
気がつかないうちに「外見」を変化させる
・自分の健康にとって「感謝と愛のバランスのとれた心」が一番よい
・身体は症状を通して、心の状態を「フィードバック」してくれる
・「治療」は感謝して心のバランスをとった瞬間から始まる
・「恐怖」と「罪悪感」の2つは、
私たちの身体や精神状態に最も動揺を与える
・感情に囚われない「バランスのとれた感謝」が重要である

第9章

感謝の旅に向けて

無一文だったときに何に感謝したか？

多くの人が私の現在の生活を見て、「お金の心配もなく世界中を旅して好きなことをしているんだから、感謝の気持ちを持つのは簡単でしょう」と言います。それは確かです。私は今ではすばらしい生活をしています。

でも私は、何も所有するものがなく路上で生活していたときも、身を守るためにゴミ箱の後ろに隠れていたときも、暖をとるために蒸気通気口の上で眠ったりしていたときも、感謝できることをたくさん見つけることができました。

私が特に感謝していることの1つが、ダイナーレストランです。1度だけでなく何度も私が食べるものが無いときに空腹をしのがせてくれました。

あるとき、カリフォルニアへ向かってヒッチハイクをしていたときにトラックの停留場で降ろされたことがありました。トラックの中で眠りたかった運転手は、私に降りてくれと言いました。私は運転手にここまで乗せてくれたことのお礼を言って24時間営業のダイナーレストランへ向かいました。店内は座ることができましたが、眠ったりテーブルに頭を乗せたりできませんでした。眠るのなら外へ出なくてはなりませんでした。

私はダイナーの中に入ってお皿に食べ物が残っているテーブルがないかうろうろ歩き回りました。パンやソーセージの切れ端やトマトなど、見つけたものはなんでも、食べられるものはなんでも拾って食べました。

店を追い出されないように目立たないようにしようとしましたが、数回テーブルを移動したところでカウンターの後ろにいる女性がとうとう気がつき、私を呼びました。

「ああ、ダメだ、追い出される」と思いました。でも女性は、

「ここに来て座りなさい。何が食べたいの？　食べさせてあげる。私が払うから」と言いました。女性はまるで母親がするように食べさせてくれて、私の食事代の2ドルほどを払いました。

この当時2ドルは結構なお金でした。トーストが大体20セントくらいだった頃です。私は食事をありがたく思い、女性にお礼を言いました。どうしてだか私はいつも助けられていたのです。

そして食事の直後、私は感謝できるものをまた見つけました。私を乗せてくれる車が見つかったのです。男の人が、

「おい、どこに行くんだ、おまえ？」と聞くので、私は、

「カリフォルニアに行くんです」と答えました。

「そうか、俺はブライスに行くんだが、途中までいいなら乗せてってやるぞ」

「よかった。とてもありがたいです。一晩中寝ていないので、おじさんの車の中で寝てもかまいませんか？」

「かまわねぇよ。俺は朝日が昇るまで起きてるけどよ。ブライスに着いたら教えてやるよ」

私は男の人にお礼を言い、乗せてもらえることに感謝して眠りにつきました。


ブライスに到着し、私は別の車を見つけました。その人に、

「車代を払うお金を持っているのか？」と聞かれたので、私は、

「所持金は13ドルです」と言いました。その人は、

「そうか、俺が思ったよりは持ってるな。でも金を払ってもらうほどは持ってないな。俺の車を修理するのを手伝ってくれたらアイディルワイルドまで乗せてってやろう」と言いました。私は、

「最高です。感謝します」と言いました。

タイヤ交換ができるくらいの知識はあったので、私はその人の車を直すのを手伝いまし

た。油にまみれて汚くなりましたが、車に乗せてもらえることになりました。その人は私に感謝し、私はその人に感謝しました。数時間後、
「腹減ってるか？」と尋ねられました。
「うん」と答えました。
「デイツ（ナツメヤシ）を買おう」

その人は2ドル出してナツメヤシを一袋買い、私はアイディルワイルドまでの道のりを甘いナツメヤシを食べていきました。アイディルワイルドで降りましたが、そこは大きな都市ではありませんでした。美しい山岳の街であったものの降りた場所は周りに何もないところで、フリーウェイから外れていたので、ヒッチハイクの車を見つけることができませんでした。フリーウェイの上にいる間に早めに降りるべきだったとは知らなかったのです。

そこで私は街の中へ歩いていって乗せてくれる車を探さなくてはなりませんでした。最終的にフリーウェイまで乗せて行ってくれる車を見つけ、旅を続けました。

車に乗せてもらえることに加え、途中にあったその他のことすべてに私は感謝しました。母が感謝の心を持つように教育してくれたおかげで、感謝すべきものを見つけるのが自然にできたのだと思います。

死にそうになったときは、生きているということだけで感謝できました。これはただどのような観点で物事を見るかということです。人生のすべての出来事は、あなたの中にある感謝の魔法を気づかせようとしているのですから。

人生に「間違い」はない

これまで何万人もの人を指導してきた経験から言うと、多くの人にとって感謝するのが最も難しいのはいわゆる「間違い」、そして愛する人を「失う」ことに対してです。多くの人の心に取り憑《つ》いて、あらゆる愛と感謝を含む感動的な体験を阻むこれら2つの「亡霊」についての考えをいくつかお話ししたいと思います。

相手は間違いを犯しただけかもしれないのだから許してあげないとと思うことがあるかもしれません。でも現実には「間違い」はありません。私たちは物事をじっくり見なかったり、他人は私たちの価値観ではなくその人の価値観に従って行動しているだけだということを理解していないと、私たちは一定の行動を過失だと判断してしまいます。

また、場合によっては、自分のしたことに対しても許す必要があると考えることもあります。これも同じことで、その行動を深く追求して目に見えないバランスの法則を見ていないからそう思うのです。

最終的には、許さなくてはならないことは何もありません。しなくてはならないのはそこに偉大な法則を発見することだけです。間違いとは私たちの解釈が起こした幻想なのです。

自分が間違いを犯したと思うのであれば、自分を重要視しすぎていて宇宙の見えないバランスを崩すことができると思い込んでいる可能性があります。あなたがしたことが何であれ、それが何らかの形で誰かの役に立っているのは確かなのです。

最近、ある立派な青年が私にこう言ってきました。

青年「母親に対してつらくあたったことを申し訳なく思っています」

私「君がお母さんに反抗していたとき、同時にお母さんに優しくして支えていたのは誰だった？」

青年「誰もいません」

私「よく考えてごらん」

青年「あ、僕の姉です」

私「お母さんとお姉さんは多少違うところがあるけれど、君がお母さんにつらくあたったので、彼女たち仲良くなっていたのかな？」
青年「はい、そうです」
私「反抗することで、君はお母さんから自立するようになった？」
青年「なりました」
私「自分で考えて自立すること、これはお母さんが君に望んだことかな？」
青年「はい、そう思います」
私「じゃあ尋ねるけど、お母さんを拒否して、君は誰と親密になった？」
青年「ガールフレンドです」
私「母親代わりとなったのは誰だった？何かが欠けていることは決してないんだよ。ただ形が変わるだけなんだ」
青年「ガールフレンドのお母さんと親しくなりました」
私「この状況の愛のバランスがわかるかい？それで、どこが間違っているんだろう？」
青年「何も間違いが見えなくなりました」
私「間違いなんて最初からなかったんだよ」

唯一のいわゆる「間違い」というのは、目に見えない人生のバランスと秩序を認識していないことです。極めて良いことだと自分が考えるものに人は病みつきになり、夢中になることがあります。その対象がなくなると思うと喪失感を感じます。でも嫌いなものが生活の中からなくなる場合はお祝いし、自分が不快に思うものがなくなることに対する喪失感は決してありません。自分が執着しているものを失うときのみ、悲痛・自責の念・弔意・悲哀などの禁断症状が起こります。

大切な人を失った悲しみを感謝に変える

何かを失うことを恐れる気持ちは愛の表れではなく、依存症の兆候です。あなたがそれをまだ愛しておらず、まだそれに生活をコントロールされているのだと、禁断症状はあなたに伝えているのです。実際、失意はあなたを解放するものです。誰かに依存して自分をその人に対して最小化する必要がなくなり、再びありのままのあなたに戻れるのです。**誰かまたは何かを真の意味で愛するとき、人はそれを失くすことを恐れません。あってもなくてもあなたが愛していることは変わらず、その存在を心の中で感じるからです。**

別の英知のしるしは、何かが人生の中で失われた瞬間それが違う形で現れることを知っているということです。たとえば、新しいボーイフレンドができ、あなたの人生から3人の親友がいなくなったとします。それがボーイフレンドにふられた瞬間、親友たちが戻ってきてあなたの人生に愛情と心遣いを再び注いでくれます。
得ることも失うこともなく、これはただの変化なのです。これを瞬時に見ることができるのは自分の人生をマスターし始めたということです。絶えず変化する環境に適応できないとストレスが起こりますが、感謝の魔法は完全な適応力を発揮します。

最近、1カ月前に夫を亡くした女性をカウンセリングしました。女性は夫を失って悲しんでいました。
私「何を一番恋しく思っていますか?」
女性「夫です」
私「旦那さんのすべてを恋しく思っているわけではないでしょう?旦那さんが床に脱ぎ捨てた洗濯物や、排水口に溜まった旦那さんの髪の毛や、怒っているときやだらしないときの旦那さんのことは恋しく思ってないと思いますよ」
女性「そうですね、確かに」
私「では旦那さんの特定の部分だけ恋しいわけですよね。それは何ですか?」
女性「ええと、夫の頼もしさです」
私「そうですか。旦那さんが亡くなられてから、あなたの世界に現れた頼もしい人は誰ですか?1人かもしれないですし、複数かもしれません」

女性「はい、兄が再び私の生活に戻ってきて、父もとても頼もしい面を見せてくれました。私の2人の友人の旦那さんたちもとても頼もしくて、夫を亡くして大変な私を助けてくれました。息子も突然大人になって今までよりもっと頼もしくなりました」

私「その頼もしさは違う人々を通じて他の形であなたの人生に現れたのだということがわかりますか？」

女性「ええ、今ならわかります」

私「お亡くなりになった旦那さんの頼もしさの欠点は何でしたか？」

彼女はちょっと考えなくてはなりませんでしたが、「そうですね、夫は自分は何でも知っていると思っていて、ときにぞんざいになることがありました。私の理解が遅いと怒ったりイライラしたりすることもありました」と言いました。

私は彼女の幻想を打破するために、旦那さんの頼もしさに対して欠点を同じ数だけ指摘して、欠点よりも利点のほうが多いわけではないことを見せていきました。そして最終的に彼女にとって亡くなった夫の頼もしさは利点でもなければ欠点でもない、ただニュートラルなものとなりました。また、先に彼女が人生に新たに現れた頼もしさについて、その利点を彼女に尋ねました。

女性「息子が頼もしくなったのを見るのはただ嬉しいです。今までそういうところを見せてくれたことがなかったんです」

旦那さんの頼もしさには役立つ点も難点も両方あったこと、それは現在新たな形で存在すること、そしてそれは同じくらいすばらしいことだということを彼女に気づいてもらいました。

私「では、旦那さんの頼もしさを恋しく思いますか？」
女性「もう恋しく思わない気がします」
私「ほかに恋しく思うことは何ですか？」

私たちはディマティーニ・メソッドを利用しなくてはなりませんでしたが、以前と現在の形の両方に感謝できるように、一連の質問を通して彼女の意識のバランスをとり、執着、依存、思い込みを打ち破りました。それから約30分ほど彼女が失ったと思ったものを5つ話し合いました。

私「この時点で旦那さんに関して恋しく思うことがありますか？」
女性「いいえ。夫が私の周りにいるような感じがします。まるで友達や息子の中に夫がいるみたいです」
私「そのとおりです。旦那さんはいるんですよ。彼の存在を称えてあげましょう。ところであなたは、自分が死ぬとき、愛する人たちにいつまでも悲哀を感じて欲しいですか？」
女性「いいえ。彼らには自分の人生をそのまま歩んでいって欲しいです」
私「ではなぜ旦那さんに対して悲哀を感じる必要があるのでしょう？それは旦那さんを称えることではありません。旦那さんはあなたに人生を最大限に生きて欲しいと思っていると思いますよ」
女性「まさにそのとおりです。このことについて夫と話したとき、彼がそう言っていたんです」
私「今は別の形で存在する旦那さんに感謝して、旦那さんの生身の形への依存を断ち切ってください。人はついつい一定の形に執着してしまうので、そのために喪失感を味わうのです」

一連のディマティーニ・メソッドが終わった後、彼女の悲哀はなくなっていました。感謝の魔法は彼女の悲しみを理解と愛に一変させたのでした。

私たちの目を覚ますものは？

1つの種族として、人類は支援と試練、親切さと残酷さ、平和と戦争などの両面に支えられて発展し進歩してきました。私たちは、成長と衰退、構築と破壊、生と死、結合と分裂に囲まれています。すべてを含んだ生きものになるため、この荘厳なバランスとともに生きるのが私たちの運命です。

春の花の色どりの美しさを目にして心が浮き立つかもしれない一方で、秋になれば落葉して色あせた醜さに同調しがっかりするのです。地上に四季があるように、人の感情も熱情と冷静のサイクルを辿ります。喜びに歌い、悲しみに叫びます。何かを好み賞賛し、同様に何かを嫌い侮辱します。

人々は親密になったり疎遠になったり、団結したり分裂したりします。内面の平穏さを誇る一方、内面の動揺に引きこもったりします。平和条約は歓迎され、宣戦布告は皆に嫌われます。

私たちは多くの場合相反するものを受け入れずに片面だけを求めますが、対極するものを引き裂くことはできません。何かの一部でなく、欠けるものがない全体の姿が私たちに運命づけられているのです。

本当の自分を愛するのに自分の性質の半分をなくす必要はありません。晴天と霧、明るさと曇り、どちらも成長と進化に役に立ちます。愚かにも人生のコインの片面だけを求めても、その対極にあるものが私たちの目を覚まさせます。両者ともが魂の教師だからです。

このような片面だけの愚かさが存在するのは、自然界で私たちの意識の中だけです。片方が現れるともう片方も現れる――両極は提携して起こるのです。いつになったら私たちは自分の愚かさを捨てて自然のバランスのとれたやり方に目覚めるのでしょう?自然界における両極の調和を認めるのでしょう?

汝の敵は友であり、汝の友は敵であるのです。人は支えられれば依存し、挑戦されればそこから自由になるのです。天の法則と恩恵への道を旅するにあたって自分を優しく強くするには、2つの調和を1つのものとする両者が必要だとどうしてわからないのでしょう?愛とはそのような対極するもののダンスでしかないのです。生きるだけでなく、成長しなくてはなりません。この深い理解のもとに感謝の魔法が現れるのです。

内なる声に秘められた英知

毎日時間を割いて自分の内なる声とコミュニケーションをとることで、感謝の魔法をもっと深く理解し、英知を高めて自分の才能を発見することができます。人生をさらに充実させるのに、最も意欲を持った独創的な自分である内なる声に耳を澄ます方法をマスターすること以上にすばらしいやり方があるでしょうか！

内なる声は偉大な人生を送るすべてのガイドの本源となるものです。このワクワクさせてくれる声に耳を傾ければ、必ず意義ある人生を送ることができます。その瞬間、才能、創造力、そして静かな力があなたの心と意識からわき上がってくるのです。

この荘厳なメッセージに耳を澄ます秘訣は、心を感謝でいっぱいにしておくことです。心が感謝によって大きく開いていれば内なる声は大きくはっきり聞こえるようになり、人生を切り開く重要なメッセージがあなたの心に簡単に入ってくるようになります。感謝に満ちた心があれば、英知を深くはっきりと伝えてくる内なる声が止むことはほとんどないのです。

内なる声がはっきり強くなればなるほど、それに耳を傾けるときのあなたのインスピレーションも強くなります。この内面にある意欲をもたらす放送局にダイアルを合わせ始めてください。声が創造力と触発された行動を新たなレベルに導いてくれるのに耳を傾けてください。

内なる声はあなたの人生に対してほとんど何の制限も課しません。そのようなことをするのは平凡な多くの外からの声だけです。注意深く耳を傾けることによって自分の英知と充実感を広げるのだと、今決心してください。

私たちが真の感謝をするとき、私たちは驚くような感動的な内面からのメッセージを受け取ります。**これらのメッセージは最初に受けたときよりも、後になってもっと威力を発揮することになります。達人や天才とは注意深く耳を傾けている人たちです。**これらの人を導く啓示である貴重な宝はあなたが偉大な人生を送る助けをしてくれるのです。

自分のインスピレーションをできるかぎりすぐに実行するようにしてください。自分の内なる声から得たインスピレーションや直感にすぐさま従わないでいると、感情が高まり始めたり自責の念にかられたりします。

しかしそれも意識の進化に対する偉大な設計の一部でもあります。何が起ころうとも、あなたは最終的には自分の内面にある魂の使命、才能、運命を開き学ぶのです。人生での出来事があなたをこの賢明な内なる声に耳を傾けさせるからです。

今日、あなたには自分の偉大さをさらに広げる機会があります。賢明で熟練した内なる声が、外から聞こえるたくさんの小さな声よりも大きくなったとき、人生のすばらしい充実感、英知、そして才能があなたのものとなり、感謝の魔法が効果を発揮するのです。

自分に語りかける

自分の内なる声を聞くことは非常に大事です。**しかし自分に語りかけることもまた大事です。自分が発するすべての言葉、特に自分の一番の価値観と調和して一致する言葉は、意識に印象を残すことを知っていましたか?**

また、繰り返し述べる発言のすべてが、それが真実であろうがウソであろうが、自分に向けたものであろうが他人に向けたものであろうが、自分の意識的および無意識的な信念体系に取り込まれることと知っていましたか?だとすれば、どんな種類の会話をあなたは自分としていて、何を自分に伝えているのでしょう?

自分に何か言うと、たとえそれを信じていなくても脳の反応は始まります。そしてこの反応が一旦始まると、意識に印象づけられ、発言が何であれ意識がそれを信じて実行するようになります。新しい習慣づけをするのには繰り返すのが鍵ですから、夢を叶えるために最も自分に意欲を与える言葉を日々の自分の言葉として使い始めるのが賢明です。

考えられるかぎり一番やる気を起こす文章をまず書き留めるといいかもしれません。これからの人生で自分に毎日言い聞かせたい文章です。明確で断定的そして具体的な文章を利用することで、人生を変えてやろうと意図したことに同調させてくれる途方もない秘められた力が自分の中から発揮できます。

私は、こうしたパワフルなメッセージを書くとき、要点を押さえた簡潔な文章を現在形で書くようにしています。それから、愛情を呼び起こすような文章で現実的なことを書いています。

これらの自分を奮い立たせる文章を心の中でも口に出してでもいいので少なくとも1日に3回言い始めれば、すぐに自分の信念体系が変化し始めるのを感じるはずです。既に事実であり現在の生き方であるかのように、気持ちをこめてまた確信を持ってきっぱりと述べてください。

これらの効果的な文章を自分の声で携帯型の録音機に録音したり、あなたの尊敬する人に頼んで録音してもらうと、何度でも聞くことができていいかもしれません。録音するときに自分の好きな曲をバックグラウンドに流すのもいいかもしれません。

自分に何を言うかによって違いが出ます。自己との毎日の対話が決め手です。言葉にはあなたの運命を再生する力があります。偉大で感動的な言葉の力で今日から人生を自分の選択する方向へ向けてください。自分の心で目覚めるものが何であれ、感謝の魔法を自分に宣言してください。

何から始めるか？

今日から感謝の旅を始めませんか？

感謝の心を持つことで、人生の７つの分野すべてにおいて大きな影響を与えます。感謝は私たちの存在価値を高め、意識を覚醒させて偉大な行動を起こさせます。その一方、不満な気持ちは私たちの重荷となり、落ち込ませます。感謝の気持ちがないと免疫機能が低下し、人生が地獄のように感じられ、意識が曇ります。

このような状態の人と誰が一緒に仕事したいと思うでしょう？私たちの経済状況も低迷しやすくなります。**人は自分を感謝してくれない人と一緒にいたくないものです。ですから、たぶん周りの人があなたから離れてしまうでしょう。**

真の感謝は充実した瞬間と人生それから自分の存在、今のありのままの現実に対する愛を与えてくれます。感謝は私たちを成長させてくれる一番のツールです。感謝の魔法は地球上すべての人を発展させてくれる力です。

私はすばらしい先生に教わったことがあります。その先生は、「人生において感謝できない日が1日でもあるなら、その日を振り返ってその意義に対して感謝の気持ちが湧くまで別の視点から異なる視点で見るのが賢明です。そうしないと、明日もその日を重荷として背負っていくことになります。その日に立ち往生してしまっていては、明日を最大限に生きることは決してできません」と言いました。

私は先生のアドバイスに従って、それがどんなに有益であるか実感しました。そこで、皆さんにも同じことをお勧めしたいと思います。**一番最初の記憶に戻り、そこから自分が感謝しなかった思い出を1つずつ全部見直し、「これは私や他人にどのように役立ったのだろう？」と自問してください。**

それぞれの出来事に対して感謝の気持ちが持てるまで何度もこの質問を繰り返してください。一旦過去の出来事の見直しが終わったら、毎日の習慣としてください。感謝できないものは重荷になります。不満を蓄積すればするほど人は過去を生きるようになり、それが今度は未来への不安と過去への罪悪感を作り上げ、私たちは感動したり今を生きることができなくなります。

人生を振り返って自分を含めてあなたに関わった人たちすべてに感謝の言葉を贈ってください。毎朝毎晩行うように心がけてください。感謝することで得られるものを手に入れ、感謝の魔法を継続的に応用することであなたの人生をすばらしいものにしてください。

感謝を実感する

最後にインターネットを見ていて目に留まった名言で締めくくりたいと思います。ここにある英知は世界中の心に触れています。あなたにも気に入ってもらえればと思います。

1年の価値を実感するには、期末試験に落ちた生徒に尋ねてみることです。

9カ月の価値を実感するには、死産を経験した母親に尋ねてみることです。

1カ月の価値を実感するには、未熟児を出産した母親に尋ねてみることです。

1週間の価値を実感するには、週刊新聞の編集者に尋ねてみることです。

1時間の価値を実感するには、待ち合わせをしている恋人たちに尋ねてみることです。

1分の価値を実感するには、電車、バス、飛行機に乗り遅れた人に尋ねてみることです。

1秒の価値を実感するには、事故から生き延びた人に尋ねてみることです。

1ミリ秒の価値を実感するには、オリンピックで銀メダルを獲得した人に尋ねてみることです。

愛している人の価値を実感するには、その人に去られることです。

時間は誰を待つこともありません。

与えられた時間すべてを大切にしてください。

第9章まとめ

・人生のすべての出来事は、
あなたの中にある「感謝の魔法」に気づかせようとしている
・唯一の「間違い」とは、
目に見えない人生のバランスと秩序を認識していないこと
・誰かまたは何かを真の意味で愛するとき、
人はそれを「失くすこと」を恐れない
・絶えず変化する環境に対して、
感謝の魔法は「完全な適応力」を発揮する
・「人生で求めるものの対極にあるもの」が、私たちを目覚めさせる
・何があろうとも、自分の内なる声から得た
「インスピレーション」に耳を傾けよう
・毎朝毎晩、人生を振り返って自分を含めたすべてに
「感謝の言葉」を贈る

謝意

感謝の旅に参加してくださりありがとうございました。

あなたの中にある計り知れない力が明らかになりますように。

愛の心と英知の意識があなたの言動を導き最高の充実感を与えてくれますように。

内に秘められたバランスと調和の力にあなたが目覚めますように。

あなたが自分が好きなことをできますように。

そして、あなたがしていることに情熱を注げますように。

あなたの内にある贈りもの（才能）があなたの外の力（行動）を奮い立たせますように。

あなたの鮮やかな想像力がかぎりない活力を解き放ちますように。

あなたは天才です。あなたは自分の英知を活用します。

訳者あとがき

最後まで読んでいただき、ありがとうございます。

本書の締めくくりにドクター・ジョン・F・ディマティーニとディマティーニ・メソッドのことについて少しお話ししたいと思います。

ドクター・ディマティーニから私が最も感銘を受けたのは、**ミッションに生きることの大切さです。彼は世界中を飛び回って年間３００日を超える講演を20年以上続けています。彼は「私の住所はこの地球です。私の家は、世界中にあるホテルです」と言っています。**彼のミッションは、人生の真理を探求し、そこで発見したことを世界中のできるだけ多くの人と分かち合うことです。

彼の日常は、食事と寝ているとき以外は、読書、リサーチ、執筆、講演、そしてコンサルテーションです。実際にセミナー会場で彼を間近に見ていてわかったのですが、一時も人生のミッションから外れたことをしていません。講演の休憩時間は、読書をしているかトイレへ行くのですが、そのトイレも男性用の立って用を足すところを使わず、便座のある個室に入ります。なぜかと言えば、用を足しながら本を読むためなのです。

セミナーでの講演前と後には、スカイプを使ったコーチングをしていたり、テレビやラジオに出演したりと、講演の日でも精力的に複数の仕事をしています。

ドクター・ディマティーニとランチを一緒にとったときに、彼にそこまで働いて身体を壊さないか、世界中を飛び回って疲れないのか、と尋ねたことがあります。彼はこう答えました。

「私には生きているうちにやらなければならないミッションがある。それは私にとって最も大切なことなんだ。私はミッションに生きていることが最高に幸せなんだよ。楽しいことをしているのに疲れることなんてあるわけがない。それにミッションに生きていると細胞が活性化して生命力も高まる。だから私は年齢よりも10歳若く見られることが多いし、何より健康だ。海外を飛行機で飛び回っているのを見て『時差はどうやって克服しているのか？』とよく聞かれるけど、時差で困ったことなんて一度もない。飛行機の中で数時間寝れば、全く問題ないんだ」

そう話しているドクター・ディマティーニの顔は確信に満ちていると同時に楽しそうでもありました。

私たちはよく「ミッションを持つことが大事だ、ミッションに生きることが重要だ」という話を本で読んだり、セミナーで聞いたりします。でも、こうして目の前にミッションに全力で取り組んでいる言行一致の人物を見て、自分の甘さを認識し、ミッションに生きるとはこういうことなのかということを初めて理解した氣がします。

人々を鼓舞して大きな影響を与えるには、ミッションの実現のために言行一致で生きることなのですね。

2011年3月11日、日本の東北地方を襲った東日本大震災。この日を境に多くの人が、生き方についてこれまで以上に真剣に向き合い、考えるようになりました。

本書に書いてあること、そして今お話ししたドクター・ディマティーニの姿勢から、あなたが何か1つでもインスパイアされたものがあれば、本書を翻訳した者として最高に嬉しいです。

最後に、本書の中で頻繁に出てくるディマティーニ・メソッド（DM）について触れさせていただきます。

DMはドクター・ディマティーニが30年以上に渡り、自然科学、生物学、社会学、行動心理学、宗教など多岐にわたる分野の研究と、彼が直接的間接的に携わった100万人を超える事例から体系化されたメソッドです。DMは一連の体系化された質問に答えていくことで、これまで見えていなかった物事の2つの面が明らかになり、それらが1つに統合されることで、物事の真実の姿を知ることができるようになります。

定型の質問のフォーマットに沿って考えていくだけですから、本当にどんな方でもできますし、かつ再現性があります。

誰にとっても再現性があるということの点が、DMの特徴であり優れたところです。

さて、学習は、料理と似ています。料理の名称やレシピをどんなに読んでも、その味はわかりません。味を想像してみることはできますが、実際に口にして味わう以外に、その料理の味はわかりません。

知識の修得も同じです。本を読んだり、セミナーで聞いても、その理解にはいたりません。本書に書いてあることは、人生を変える非常にパワフルなものですが、体験しないかぎり真の理解にはいたりません。

DMは、本書で書いてあることを体験することができる唯一の方法です。ぜひ一度、実際にDMを体験し、「正負の法則」、「バランスの法則」そして真の感謝を味わってみることをお勧めします。

本書を翻訳するにあたって、多くの人にご支援をいただきました。まずはディマティーニ・メソッド（DM）の開発者であり、本書を世に出してくれたドクター・ジョン・F・ディマティーニに感謝します。そして、ドクター・ディマティーニを私に紹介してくれた野中恒宏さん。野中さんには日頃から『ディマティーニ・メソッド日本普及協会』の活動のアドバイスや情報提供などご協力をいただいており、心からお礼を申し上げます。

それからDMを使って日々多くの人たちの人生を充実させる支援活動をしているディマ

ティーニ・メソッドファシリテーターの方々。ファシリテーターの方々にご協力いただいて開催しているDM体験セミナーにて、受講生がDMを通して真の感謝を体験した瞬間を何度も目にしました。それは本書に書かれているような感動的なものでした。いつも献身的な働きで受講生の体験をサポートしていただき感謝しています。

本書の翻訳にあたってはフォレスト出版の長倉顕太編集長、土屋芳輝さん、佐野悠太さん、雀岡洋平さんに大変お世話になりました。また、ムゲンライフの川島みゆき社長、横田透さん、ディマティーニ・インスティチュート社のクラリッサ・ジャッド女史、ブランディ・エインスワース女史にご協力をいただきました。心より感謝いたします。

最後に、本書を通してこうして読者のあなたとご縁をいただいたことに感謝します。本書があなたの人生がさらに充実したものになる一助になることを心より願っています。

〈著者プロフィール〉

ジョン・F・ディマティーニ (Dr. John F. Demartini)

人間行動学のスペシャリスト、教育者、作家

人間行動学と自己啓発の分野で世界的な権威。
彼が創立したDemartini Instituteは、人間教育のための複数の分野を教える72のカリキュラムを提供している調査教育機関。

38年間にも及ぶ調査研究の結果完成したメソッド「ディマティーニ・メソッド」と「ディマティーニ・バリュー・デターミネーション」は、これまで世界各国の人間教育プログラムに採用されており、年間360日世界を飛び回って研究の成果を共有している。

著書は40冊以上にのぼり28の言語に翻訳されている。
それ以外にも50タイトル以上のCD/DVDのプログラムを開発。
その分野はリレーションシップからお金、教育、ビジネスの分野と多岐にわたり、人生の7つの領域；お金、身体と健康、メンタル、仕事、スピリチュアル、家族、そして人間関係でリーダーシップとエンパワーメントの実現をサポートする優れたプログラムとして、世界中の多くの人に支持されている。

ディマティーニ・メソッド日本普及協会
ホームページ：http://www.japandma.com/
ファンページ：http://www.facebook.com/japandma

〈訳者プロフィール〉

岩元貴久 (Takahisa Iwamoto)

1966年鹿児島市生まれ。
アメリカと日本でマーケティングコンサルティング会社、ソフト開発会社、コーチング会社、不動産投資会社、ASP事業会社等、複数の会社を経営している企業家。
これまで数多くのベストセラー作家、人氣講師、成功者に影響を与えてきた、まさにコーチのマスター・コーチ。『情報商人：情報をお金にするプロ』としても知られる。

「好きな場所で暮らし、得意な市場で楽しく仕事をする」ライフ・スタイルをモットーとして、本人がこよなく愛するカリフォルニア州オレンジ郡に家族と暮らしながら、2－3ヶ月に1度の割合で日本－ハワイを訪れる生活をエンジョイしている。
大学卒業後、1990年～1998年まで外資系大手経営コンサルティング会社の米国本社（ロサンゼルス事務所）にてFortune500企業へのコンサルテーションに携わり、e-businessコンサルティング会社を経て2000年に独立。

現在は、事業経営の傍ら講演・執筆活動を行うだけでなく、各分野で活躍するリーダー育成のために、出版プロデュースや学生に実学を教える等、後進の育成にも余念がない。日本の精神文化・思想を基礎に、豊かさと幸せの両立した社会の発展に貢献する活動に勤しんでいる。

著書に『幸せはすぐそばにある』（サンマーク出版）、『稼ぐ人だけが知っている！ 13の氣づき』（フォレスト出版）、『情報商人のすすめ』（総合法令出版）等。他に翻訳書として、『奇跡の経営1週間が毎日週末発想のすすめ』（リカルド・セムラー著、総合法令出版）等がある。

公式ブログ：http://iwamototakahisa.com/
ファンページ：http://www.facebook.com/iwamototakahisa

翻訳協力／株式会社タトル・モリ エイジェンシー
本文デザイン／野中　賢（株式会社システムタンク）

世界はバランスでできている！

2011年9月16日　　初版発行
2024年4月11日　　4刷発行

著　者　ジョン・F・ディマティーニ
訳　者　岩元貴久
発行者　太田　宏
発行所　フォレスト出版株式会社
〒162-0824 東京都新宿区揚場町2－18　白宝ビル7F
電話　03-5229-5750（営業）
　　　03-5229-5757（編集）
URL　http://www.forestpub.co.jp

印刷・製本　中央精版印刷株式会社

ISBN978-4-89451-457-7　Printed in Japan